리더는 하루에 백 번 싸운다

리더는 하루에 백 번 싸운다

정답이 없는
혼돈의 시대를
돌파하기 위한
한비자의 내공 수업

[조우성 지음]

INFLUENTIAL
인 플 루 엔 셜

조직을 책임지는 리더 자리에 있는 사람이라면 "《한비자韓非子》를 읽어보라"는 충고를 한번쯤은 들어봤을 것입니다.《한비자》는 군주의 강력한 리더십에 대한 동양 최고의 이론서로 마키아벨리(Niccolò Machiavelli)가 쓴《군주론Il principe》과 함께 리더라면 반드시 읽어보아야 할 고전 필독서로 꼽히니까요.

저 역시《한비자》를 읽어보라는 추천은 많이 들었지만 진지하게 탐독할 만한 고전이라고 생각하지는 않았습니다. 흔히 사람들이 오해하는 것처럼《한비자》가 성악설을 근간으로 하고 있으며, 자유와 평등을 중시하는 현대사회에는 어울리지 않는 권모술수를 담은 책이라는 편견을 어느 정도 갖고 있었던 것 같습니다.

그런데 우연히《한비자》를 새로운 시각으로 바라볼 수 있게 된 두 번의 계기가 있었습니다.

첫 번째 계기는 협상에 관한 강의를 준비하던 중에 찾아왔습니다. 이런저런 자료를 살펴보다가《한비자》〈세난說難〉편에서 설득의 어려움에 대해 설명한 구절을 접하게 된 것이지요. 한비자는 설득이 어려운 이유는 지식이나 언변, 하고 싶은 말을 할 용기가 부족해서가 아니라고 지적합니다. 중요한 것은 상대방의 마음을 잘 살펴서 그 심의(心意)를 알아내고 거기에 맞춰 주장을 펼치는 것인데, 여기에 설득의 진짜 어려움이 있다고 말했습니다.

이 조언은 당시 제가 심취해 있던 하버드 협상론(Program on Negotiation at Harvard Law School)의 핵심이라 할 수 있는 "설득을 위해서는 상대방의 입장(Position)에 얽매이지 말고, 상대방의 욕구(Interest)에 집중하라"는 메시지와 정확히 일치했습니다. 2,200년 전의 사상가인 한비자가 했던 조언이 누구나 기꺼이 돈과 시간을 들여 배우기를 원하는 하버드 협상론과 일치하다니, 거기다 21세기의 이 복잡하고 치열한 경쟁 사회에서도 여전히 유효하다는 것이 제게는 큰 놀라움으로 다가왔습니다.

두 번째 계기는 중견기업 CEO로 평소 한학(漢學)에 조예가 깊었던 박 대표와의 만남에서 비롯됐습니다. CEO로서 겪어야 할 이런저런 고충에 대해 한참 이야기하던 그는 "조 변호사, 이 문장은 내가 항상 수첩에 넣어 다니는 문장일세. 내 마음의 화를 다스려주지"라면서 작은 메모 하나를 보여주었습니다.

서로를 위한다는 마음으로 일을 하다 보면 상대방을 책망하게 된다. 자신을 위한다는 마음으로 일을 하면 책망하는 마음 없이 일을 할 수 있다.

《한비자》〈외저설 좌상外儲說 左上〉편에 나오는 문장으로, 박 대표는 직원들이 자기 마음을 몰라주는 것 같아 괴로울 때마다 스스로 마음을 다스리기 위해 곁에 두고 자주 꺼내본다고 말했습니다 평소 박 대표의 합리적이고 따뜻한 리더십에 감탄하고 있던 터라 이 문장은 제 머릿속에도 오래 남았습니다.

이렇게 《한비자》에 대해 강렬한 인상을 받으며 '과연 《한비자》는 어떤 책이기에 이토록 오랜 세월 동안 제왕학의 최고봉으로 인정받으며 지금까지도 리더들의 마음을 빼앗는 걸까'라는 의문을 갖게 되었습니다. 이 질문에 답을 찾기 위해 《한비자》를 접하게 됐고, 그렇게 꾸준히 공부한 지 3년의 세월이 흘렀습니다.

《한비자》는 기본적으로 '제왕학'을 다루고 있지만, 군주제가 사라진 오늘날에도 참고할 만한 교훈과 지침들로 가득합니다. 뛰어난 이야기꾼이기도 한 한비자는 리더의 능력이 얼마나 뛰어난지, 어떤 상황에 처해 있는지와 상관없이 언제 어디서든 적용할 수 있는 아주 기본적인 통치 원칙과 전략을 다양한 예화를 통해 설명하고 있습니다. 그리고 저는 공부를 거듭할수록 한비자의 지혜가 한 치 앞을 알 수 없는 어려운 경영 환경에서 직원들의 생계를 책임지며 내일을 향한 발걸음을 멈출 수 없는 이 땅의 CEO와 리더들에게도 그대로 적용될 수 있음을 발견했습니다.

특히 지금의 리더들은 주위의 모든 것이 너무나 빠르게 변하고 있는데 정답은 알 수 없는 불안함 속에서 어쨌든 최선의 답을 적어야 하는 상황에 처해 있습니다. 그리고 이 불안함을 제대로 다스릴 새도 없이 매일 수많은 싸움에 직면합니다. 내 마음 같지 않은 조직원들 틈에서, 조직의 운명을 바꿀 수 있는 중요한 결정 앞에서,

현실에 안주하고픈 나약한 마음과 손에 잡힐 듯 잡히지 않는 성공 사이에서 고군분투하고 있습니다.

한비자는 이런 리더들에게 살아남고 싶다면 강해져야 한다고 강조하면서 리더에게 꼭 필요한 세 가지 통치 도구로 법(法)·술(術)·세(勢)를 꼽았습니다. '법'은 군주가 나라를 다스리는 데에 필요한 공정하면서도 엄격한 원칙을, '술'은 군주가 신하를 올바로 쓰면서 간신을 견제하기 위해 필요한 지혜인 통치술을 말합니다. 마지막으로 '세'는 군주가 가져야 할 권세 내지 권력으로 결코 다른 누군가와 나눌 수 없는 것입니다. 법과 술을 제대로 쓰기 위해서도 군주에게는 반드시 권세가 필요합니다. 이 세 가지는 한비자의 법가 사상을 이루는 핵심이기도 합니다.

이 책은 법·술·세가 경영 현장에 각각 어떻게 적용될 수 있는지 제 나름대로 정리한 결과물입니다. 《한비자》 원전을 바탕으로 지난 23년간 대형 로펌에서 다양한 기업을 컨설팅하고, 여러 기업 분쟁에 직간접적으로 관여하며 보고 배운 경험을 최대한 생생하게 담아보았습니다. 이는 참으로 흥미로운 작업이었습니다. 오늘날 기업에서 접할 수 있는 수많은 사례들은 2,200여 년 전에 한비자가 예측하고 경고한 범주를 크게 벗어나지 않았습니다. 제가 읽어낸 《한비자》를 통해 각자가 직면한 어려움은 조금씩 다를지라도 자신의 현주소를 정확하게 파악하고 경영에 대한 통찰을 얻는 데 도움이 되기를 바랍니다. 덧붙여 책 끝의 특별 부록 '한비자를 위한 변명'에서는 한비자의 사상에 대한 중요한 오해들을 바로잡기 위해 변론 형식으로 제 생각을 정리해보았습니다.

사실《한비자》는 에스프레소 원액과 같습니다. 에스프레소 원액에 뜨거운 물을 넣으면 아메리카노가 되고, 우유를 섞으면 카페 라테가 되지요. 마찬가지로 어떻게 활용하느냐에 따라《한비자》는 리더십, 협상론, 조직관리론, 자기계발 등 다양한 분야의 지침서가 될 수 있습니다. 이 책 역시 어떻게 활용하느냐에 따라 리더십 지침서가 될 수도, 리더들의 자기계발서가 될 수도 있을 것입니다. 어떤 맛으로 즐기실지는 온전히 여러분의 손에 달려 있습니다.

아마도 저의《한비자》에 대한 짝사랑은 꽤 오랫동안 끝나지 않을 것 같습니다. 이 책을 읽는 분들도《한비자》를 새롭게 이해하고 실제 삶 속에서 고전의 지혜를 활용하는 법을 깨닫게 되시기를 바랍니다. 더 나아가 이 책이 예상치 못한 위기의 순간에 맞닥뜨렸을 때 든든한 힘이 되어줄 수 있다면 더할 나위 없이 기쁠 것입니다.

조우성

勢 [제3장]
세: 권한과 책임에 대한 통찰

辯 [특별 부록]
변: 한비자를 위한 변명

한비자는 군주가 나라를 다스리기 위한 원칙과 제도를 잘 만들고,

이를 여일하게 흔들림 없이 지켜나가야만 나라가 강해질 수 있다고 했다.

즉 '덕'이 아니라 '법'으로 나라를 다스려야 한다는 '법치'를 강조했다.

법치란 모든 원칙과 제도를 공평하고 엄격하게 지키는 것이다.

"공을 세운 사람에게는 상을 주고, 잘못을 저지른 사람에게는 벌을 준다"는

신상필벌(信賞必罰)의 원칙이 그 핵심이다.

1장에서는 한비자가 강조한 신상필벌의 원칙을 중심으로

현대사회에서 조직을 이끄는 리더들이

반드시 마음에 새겨야 할 사람 경영의 원칙을 정리했다.

리더도 사람이기에 성과를 거둬야 한다는

엄청난 압박 속에서 잘못된 선택을 할 수도 있고,

함께 일하는 사람들과 좌충우돌하며 어리석은 행동을 하기도 한다.

이때 한비자가 리더에게 반복해서 강조한 원칙들을 잊지 않고

지켜나간다면 결정적인 실수를 줄여나갈 수 있을 것이다.

제 1 장

법: 공평하고 엄격한 원칙의 힘

리더는 외로운 존재라는 말 속에 담긴 진실

그 사람이 신하라고 해서
반드시 군주를 사랑한다 할 수 없고
사람은 본래 이익을 중시하기 마련이다.

《한비자》 제7편 〈이병二柄〉

━━━━━━━━ 직원 20여 명 규모의 중소기업 K사를 운영하고 있는 권 사장. K사는 오더를 받아 금형을 제조하여 OEM 방식으로 물품을 납품하는 사업을 주로 해왔다. 영업이익률이 그리 높은 편은 아니었지만, 그래도 권 사장은 안산 반월공단에서 자수성가한 기업가로 평가받으며 어느 정도 인지도를 갖추고 있었다.

아울러 권 사장은 직원들에 대한 사랑이 남달랐다. 권 사장 본인이 집안 형편상 고등학교도 마치지 못했기에, 의지가 있는 직원들에게는 야간대학 학비까지 대주면서 학업을 지원했다. 전체 매출 규모에 비해 직원들의 자기계발비 비율이 꽤 높았지만 그는 직장이 단순히 일만 하는 곳이 아니라 직원 개개인이 한 단계 더 발전하는 곳이어야 한다는 신념을 갖고 있었다.

그러던 어느 날, K사의 주거래 업체 중 한 업체가 화재로 인해 부도를 맞게 되었고 K사는 그 업체에 납품한 물품 대금을 수금하지 못하는 상황이 벌어졌다. K사는 미수금으로 인해 현금 유동성에 문제가 생겼고, 결국 권 사장은 직원들의 급여를 제대로 챙겨줄 수 없게 되었다. 그러자 직원들은 하나둘씩 회사를 떠났다.

권 사장은 모든 인맥을 동원해서 자금을 확보하려 했으나 마음대로 되지 않았다. 회사를 떠났던 직원들 중 몇몇은 임금 체불을 이유로 권 사장을 노동청에 고발했고, 권 사장은 노동청과 검찰청을 오가면서 수사를 받았다.

권 사장은 한숨을 쉬며 내게 이렇게 이야기했다.

"내가 참 덕이 없나 봅니다. 내심 회사가 어려울 때일수록 직원들이 마음을 모아 어려움을 극복해주면 좋겠다고 생각했는데, 당장 두 달치 월급이 밀리니까 대부분 그만두더군요. 알고 봤더니 노동청에 저를 고발하는 데 가장 앞장선 친구는 제가 제일 아끼고 믿었던 직원이었어요. 물론 다들 먹고살기 힘드니까 그랬을 테지만 야속한 마음은 어쩔 수가 없네요. 텔레비전에서 보면 회사가 어려울 때 월급을 반납하고 회사를 정상화시키는 미담이 나오곤 하던데, 그건 정말이지 텔레비전에서나 나올 이야기인가 봅니다."

비바람이 불어봐야 어느 나무의 뿌리가 깊이 박혀 있는지 알 수 있다고 했던가. 권 사장은 부도를 눈앞에 둔 상황 자체보다 믿었던 직원들이 하루가 다르게 뿔뿔이 흩어지는 상황을 더 힘들어하는 것 같았다. 직원들이 자신에게 가진 신뢰의 깊이가 그 정도밖에 되지 않았던가 하는 마음에 권 사장은 깊은 한숨을 내쉬었다.

마음속 깊이 군주를 사랑하는 신하는 없다

이 사례를 읽고 공감하는 CEO들이 많으리라 생각한다. 나 역시 기업 컨설팅을 하면서 돈보다는 사람 때문에 더 상처받고 힘겨워하는 리더들의 모습을 여러 번 보아왔다. 권 사장이 느끼는 심리적 공허함 역시 회사의 부도보다는 '믿었던 직원들'이 등을 돌리는 모습에서 비롯된 것이었다. 자신은 직원들이 성장할 수 있도록 도우며 진심으로 아꼈는데, 정작 직원들은 한두 달 급여가 나오지 않자 회사가 어떻게 되든 말든 아랑곳하지 않고 떠나버렸다. 이런 상황에서 상처를 받지 않을 사람은 없을 것이다.

그런데 한편으로 냉정하게 생각해보면 직원들만 탓할 수는 없지 않을까. 매월 급여에 의존해 생활하는 직원들 입장에서는 당장 생존이 불안해진 마당에 의리니 정이니 하는 것을 따질 여유가 없었을지도 모른다. CEO의 인품이 아무리 훌륭하다 해도 월급을 제대로 주지 못하는 회사에 다닐 수는 없다. 오히려 노동의 정당한 대가를 받지 못한 것에 불만을 품는 것이 당연하다. 간혹 직원들을 '가족'이라고 표현하는 CEO가 있는데, 표현이 그럴 뿐이지 직원은 가족이 될 수 없다. '월급'이라는 이익이 없다면 직원들은 회사와 관계를 맺을 이유가 없기 때문이다.

한비자는 군주와 신하의 관계를 기본적으로 이해득실에 따라 움직이는 관계로 보았다. 그러면서 "마음속 깊이 군주를 사랑하는 신하는 없다"고 결론을 내렸다.

정말 도발적이지 않은가.

이러한 관점은 군주와 신하의 관계를 아버지와 아들의 관계에 비유하면서 "군주는 자애로운 마음으로, 신하는 아버지를 섬기는 마음으로 충성을 다해야 한다"는 유가(儒家)의 사상과는 거의 정반대의 위치에 있다 해도 과언이 아니다. 어떤 사람은 이러한 냉혹한 가르침에 마음이 불편해질지도 모른다.

하지만 우리는 과연 한비자의 냉정하고도 준엄한 판단을 전적으로 부인할 수 있을까? 오히려 한비자의 명제 속에는 인정하기는 싫지만 인정할 수밖에 없는 일말의 '불편한 진실'이 포함되어 있는 것은 아닐까?

이익에 따라 움직이는 것은 인간의 본성이다

흔히들 리더는 외롭고 고독한 존재라고 한다. 궁극적으로는 모든 책임을 떠맡아야 하는 사람이라는 측면에서도 그렇지만, 직원들에게 리더와 '같은 마음'으로 고민을 나누어 짊어지는 것을 기대할 수 없다는 측면에서도 그러하다. 이런 문제로 고충을 토로하는 리더들의 한탄 섞인 이야기도 대부분 비슷하다.

"직원들에게 회사의 비전을 제시하면서 함께 성장할 수 있도록 독려했습니다. 때로는 친동생처럼, 때로는 둘도 없는 친구처럼 신의를 갖고 대했고요. 그런데 어느 순간 CEO와 직원의 입장이 확연히 엇갈리게 되더군요. 결국 CEO와 직원의 관점은 너무나 다르다는 것을 알게 되었습니다. 이전에 제가 직원들을 어떤 마음으로 대했는지는 전혀 중요하지 않더군요."

그런데 여기서 반드시 짚고 넘어가야 할 문제가 있다. 리더들은 자신의 진심이 직원들에게 제대로 수용되지 않았다는 점을 알고 나면 '배신'당했다는 생각에 빠른 속도로 마음을 닫아버린다. 그러곤 갑자기 태도가 돌변한다.

"그래, 비전 같은 거 직원들에겐 별로 중요하지 않아. 결국 사람을 움직이는 건 돈이야. 비전이니 정이니 목 아프게 외쳤던 나만 바보지."

이러한 마음을 이해 못 할 바는 아니지만, 그럼에도 이 반응은 철저히 자신의 입장에만 매몰된 결과라는 점에서 결코 바람직하지 않다. 분노에 떨고 있는 리더들에게 사마천(司馬遷)의《사기史記》〈맹상군열전孟嘗君列傳〉에 나오는 이야기를 소개한다.

춘추전국시대 제(齊)나라의 재상이었던 맹상군(孟嘗君)이 군주의 신임을 받고 부귀가 극성했을 때는 휘하에 식객이 수천 명 있었으나, 군주의 신임을 잃어버린 이후에는 그 많던 식객들이 썰물처럼 빠져나갔다.

결국 맹상군은 식객 풍환(馮驩) 덕에 다시 복직을 하게 되었는데, 그러자 다시 예전의 식객들이 몰려들었다. 이런 모습을 보고 화가 난 맹상군은 의리 없는 식객들을 내쫓으려 했다.

그러자 풍환이 이를 말리면서 조언했다.

"살아 있는 자가 반드시 죽는 것은 사물이 반드시 이르는 바요, 부귀할 때 선비가 많고 빈천할 때 친구가 적게 되는 것은 지극히 자연스러운 바이니 어쩔 수 없는 일입니다. 군께서 직위를 잃었을 때 식객들이 모두 떠나간 것을 두고 이제 와서 그들을 원망하는 것은 적절치 않습니다. 그럼에도 그들을 계속 원망하신다면 이는 선비들이 다시 군께 돌아오는 길을 끊어버리는 것과 같습니다. 원하옵건대 군께서는 옛날처럼 식객들을 대우하여 주십시오."

이에 맹상군이 풍환에게 절하며 말했다.

"삼가 그 명에 따르겠소. 선생의 말씀을 듣고 어찌 감히 가르침을 받들지 않을 수 있겠습니까?"

"화를 내지 마십시오. 섭섭하게 생각하지 마십시오. 그것은 어쩔 수 없는 자연의 이치요, 인간사의 모습입니다."

세상의 인심에 환멸을 느낀 정객(政客)에게 인간사 섭리를 이해하고 있는 노회한 참모가 주는 조언에 우리는 귀를 기울일 필요가 있다. K사의 권 사장 역시 직원들이 이익에 따라 회사를 떠나는 모습을 보며 배신감으로 괴로워하는 대신, 처음부터 인간의 본성이 그러함을 알고 직원들을 대했다면 어땠을까?

이어서 시대의 간웅(奸雄)으로 불리는 조조(曹操)의 위대함을 보여주는 《삼국지三國志》의 한 대목을 소개한다.

조조가 자신을 괴롭히던 원소(袁紹)와의 전쟁에서 승리했다. 승리 후 원소의 방을 수색하던 부하가 수상한 편지 무더기를 발견하고 조조에게 갖다 바쳤다. 그 편지 중에는 조조 측에 있던 사람들이 원소 진영에 잘 보이기 위해서 암암리에 조조와 관련된 정보를 적어 보낸 편지들도 있었다. 조조의 부하들은 그 편지에 격분해서 편지의 주인공들을 모두 잡아 처형해야 한다고 목소리를 높였다. 그런데 조조는 격분한 부하들에게 태연한 목소리로 말했다.

"원수의 세력이 강대할 때 내로라하는 영웅호걸조차 자신을 보호할 수 없었는데 하물며 힘없는 군사들이야 말할 게 없지 않은가. 이는 십분 이해할 수 있는 일이다."

그러고는 그 편지들을 모두 태워버렸다.

이 이야기에서 알 수 있는 것은 조조가 자신의 이익을 위해 움직일 수밖에 없는 인간의 본성을 정확하게 꿰뚫고 있었다는 점이다. 그렇기에 편지를 태워버리고 부하들을 관용으로 감싸 내부 단결을 다질 수 있었던 것은 아닐까.

나는 한비자 역시 인간의 본성이 지닌 불편한 진실을 정확하게 간파했던 사람이라고 본다. 또한 《한비자》는 모략과 권모술수에 관한 비법을 담은 책이 아니라 매우 현실적이고 실용적인 리더십에 관한 책이다. 이러한 관점에서 한비자의 가르침을 되짚어본다면 리더는 이익에 따라 움직이는 것이 인간의 어찌할 수 없는 본성이라는 점을 알고 있어야 하고, 따라서 이익에 따라 움직이는 직원들에 대해 분노하거나 좌절하는 대신 과연 어떻게 해야 서로의 이해관계를 원만하게 충족시킬 수 있을 것인가 하는 방법론에 집중해야 한다.

불편한 진실을 직시해야 힘을 가질 수 있다

그 방법론은 여러 가지가 있겠지만, 가장 중요한 것은 '덕치'가 아닌 '법치'에 힘쓰는 것이다. 《한비자》〈현학顯學〉편에 소개된 다음의 가르침을 보자.

성인은 나라를 다스릴 때 사람들이 나를 위해 선량한 일을 할 거라 기대하지 않고 그들이 그릇된 일을 할 수 없게 하는 방법을 쓴다.

한비자는 사람들이 선량한 일을 하는 것은 일어나기 어려운 '우연'에 불과하다고 보았기 때문에 차라리 그릇된 일을 하지 못하도록 미리 조치를 취하는 것이 현명하다고 말한다. 즉 리더는 부하 직원들이 자신의 이익을 버리고 회사의 이익에 따라 움직이기를 바라는 대신, 그들이 회사의 이익에 반하는 행동을 하지 않도록 상과 벌을 엄격히 해야 한다.

리더와 직원의 관계를 이익이 배제된 순수한 존경과 사랑의 관계로 파악하는 것은 이론적으로는 가능할지 모르나 현실에서는 찾아보기 힘들다. 물론 회사도 사람이 사는 곳이다. 그러니 신뢰와 애정을 깡그리 무시하라는 이야기는 아니다. 신뢰와 애정을 수단으로 직원들을 평가하고 조정하려 하지 말라는 뜻이다.

이익에 따라 움직일 수밖에 없는 나약한 인간의 모습을 직시하기란 쉽지 않은 일일지도 모른다. 하지만 그 불편한 진실을 직시함으로써 리더는 자신의 권위를 더욱 공고히 하고 조직을 지켜낼 힘을 가질 수 있다.

가장 중요한 제1원칙은
말과 행동이 일치하는 것이다

신하들의 간사한 행동을 근절하려면
그들의 행하는 바와 말하는 바가 일치하는지 살펴야 한다.
군주는 신하의 말을 잘 살펴 임무를 부여하고,
일의 결과에 따라 공적을 심사해야 한다.

《한비자》 제7편 〈이병二柄〉

━━━━━━━ IT장비 유통업을 하는 N사의 신 대표는 조찬 모임을 통해 나와 인연을 맺게 되었다. 신 대표는 자타 공인 얼리어답터로 새로운 트렌드에 민감한 경영자다. 그는 만날 때마다 업계의 최신 트렌드에 대해 설명하는 한편, 그 트렌드에 맞는 신규 프로젝트를 자랑삼아 소개하곤 했다. 신 대표는 매일 아침마다 10여 개의 신문, 20여 개의 국내외 전문 인터넷사이트를 꼼꼼하게 살피는데, 이것이 다양한 정보를 빨리 얻는 자신만의 비결이라고 설명했다.

"요즘은 정말 하루가 다르게 세상이 변하는 것 같아요. 항상 정신 바짝 차리지 않으면 언제 뒤처질지 모르는 상황입니다. 살아남기 위한 노력이죠."

나는 CEO가 이처럼 자신의 시간을 쪼개어 새로운 트렌드를 따라잡기 위해 노력하는 모습이 참 좋아 보였다.

어느 날 신 대표는 자신의 최측근이라면서 경영기획팀장을 내게 소개해주었다. 새로운 비즈니스를 시작하는 데 필요한 법적 자문을 논의하고 특허가 될 만한 비즈니스 모델을 검토하기 위해서였다.

그런데 경영기획팀장과 이야기를 하면서 한 가지 이상한 점을 느꼈다. 그는 다른 이야기를 할 때 멀쩡하다가도 신 대표 이야기만 나오면 냉소적인 반응을 보였다. 대표의 최측근이라는 사람이 그런 태도를 보이는 것이 이해가 가지 않았다. 나는 팀장과 식사를 하면서 신 대표에 대한 직원들의 생각을 슬쩍 물어봤다. 그러자 그의 입에서 뜻밖의 말이 흘러나왔다.

"대표님은 회의 때마다 새로운 아이디어와 그 아이디어를 반영한 신규 프로젝트를 제안하십니다. 워낙 열정적이시니 대체로 대표님 의견에 따라 신규 프로젝트 준비에 들어가지요. 그런데 다음번 회의가 돌아오면 대표님은 또 다른 아이디어를 말씀하시고, 이전 프로젝트는 찬밥 신세가 돼버립니다. 대표님 말 한마디에 프로젝트가 시작됐다가 엎어지는 일이 반복되니 직원들로선 황당할 수밖에 없고요. 그런데 진짜 문제는 이제 직원들이 프로젝트 진행에는 관심이 없고 그저 아이디어 제안에만 몰두한다는 겁니다."

직원들은 신 대표 성향에 따라 새로운 아이디어를 '장기 자랑'하듯 앞다투어 제안하고, 그러다 보니 제대로 실행되지도 않고 흐지부지된 안건만 스무 개도 넘는다며 씁쓸하게 웃었다.

"트렌드나 새로운 아이디어에 관심이 많으신 건 좋지만 실효성 있는 진행은 너무 소홀히 해서 참 안타깝습니다. 대표님께 여러 번 건의도 해봤지만 잘 바뀌지 않으시더군요. 직원들은 어떻게든 새로운 아이디어를 제출해서 대표님께 점수를 따는 데에만 신경을 쓰고요. 결국 경영기획팀장인 저는 별 중요하지 않은 일을 뒤치다꺼리하는 데 힘을 쓰고 있다는 자괴감이 듭니다."

한비자가 제일 중요하게 생각한 리더의 원칙

직원들의 실제 업무 진행 상황이나 결과 확인에는 관심 없이 아이디어 자체에만 집중하는 CEO, 그리고 이런 CEO의 영향을 받아 프로젝트 진행에는 관심이 없는 직원들. 한비자는 이렇게 구체적인 성과 없이 제안만 남발되는 현상을 경고하면서 '형명일치(形名一致)'라는 개념을 제시했다. 이 개념은 자연 원리에 대한 논리적인 인식 방법을 설명한 것으로, 이미 확정된 지식이라 하더라도 객관적인 인식 태도로 끊임없이 검증하라는 의미다. 쉽게 풀면 이렇다. 사물에 이름[名]이 있는데 이름만으로 본질[形]을 파악해서는 안 되고 이름과 본질이 맞는지 끊임없이 확인해야 한다는 뜻이다. 이는《한비자》〈주도主道〉편에 나오는 '형명참동(形名參同)'과도 일맥상통하는데, 그 뜻은 "말[名]과 행동[形]을 대조해 일치하는지 살핀다"는 것이다. 즉 신하가 어떤 일을 하겠다고 말한 후에 그것을 그대로 실천하여 성과를 이루었는지 대조하여 살펴보고, 만일 일치하면 상을 주고 그렇지 않으면 벌을 내리라는 가르침이다.

한비자는 특히 '말'과 '행동'에 대해 〈이병二柄〉편에서 다음과 같은 날카로운 지침을 내리고 있다.

신하들의 간사한 행동을 근절하려면 그들의 말하는 바와 행하는 바가 일치하는지 살펴야 한다. 군주는 신하의 말을 잘 살펴 임무를 부여하고, 일의 결과에 따라 공적을 심사해야 한다.

이렇듯 한비자가 강조한 법치의 핵심은 '신상필벌(信賞必罰)'이다. 그는 신하의 말과 행동을 잘 살펴서 일치하는 사람에게는 상을 주고 그렇지 않은 사람에게는 벌을 주어야 한다면서 신상필벌이 분명해야 신하들이 군주를 믿고 진심을 다하게 될 것이라고 보았다. 반대로 말만 번지르르하고 성과가 없음에도 군주에게 별다른 지적을 당하지 않는다면 신하들이 기교를 부릴 생각만 하고 진정으로 나랏일을 걱정하지 않게 된다고 했다.

목표를 초과 달성하는 직원을 견제해야 하는 이유

한비자의 원칙을 기업 운영에 적용하면 다음과 같이 정리될 수 있다.

"리더는 직원들의 직분과 업무 보고서를 근거로 임무를 부과하고 그 성과로 능력을 평가해야 하는데, 성과가 업무 보고서와 일치하면 보상을 하고 서로 다르면 그에 대한 책임을 물어야 한다."

그런데 이에 대해 "요즘처럼 급변하는 기업 상황에서 사전에 보고한 업무 계획만을 기준으로 성과를 파악하는 것은 너무 경직된 평가 방식이 아닌가요?"라는 반론을 제기할 수 있다. 즉 사전에는 A플랜을 보고했더라도 상황이 급박하게 변하여 B플랜을 시행할 수 있는데, 이런 경우 사전 보고와 성과는 일치하지 않더라도 오히려 상황 변화에 능동적으로 대처한 경우로 보아야 하지 않느냐는 것이다.

맞는 말이다. 상황에 따라서는 사안의 급박성을 감안하여 선조치 후보고가 필요한 경우가 있다.

하지만 여기서 한비자가 강조하려는 점은 보고와 실행의 선후 문제가 아니라 다음의 두 가지 원칙이다.

첫째, 리더는 직원이 주장한 바를 상기하여 '그 말에 따른 결과를 내고 있는지'를 확인해야 한다.

둘째, 결과에 대한 평가의 기준은 그것이 자발적이었든 비자발적이었든 간에 '직원이 먼저 제시했던 말'이어야 한다.

즉 선조치 후보고가 불가피한 예외적인 상황이 있다 하더라도, 원칙은 직원이 보고한 내용을 평가 기준으로 삼아야 한다. 허황된 계획을 남발한 것은 아닌지, 좋은 결과를 냈더라도 처음 보고했을 때의 목표와 궁극적으로 일치하는지, 어떻게 실천했는지 등을 엄격히 따져야 한다는 것이다.

그렇다면 이러한 원칙은 왜 중요한 것일까? 한비자는 그 이유를 "신하들의 간사한 행위를 금지시키기 위해서"라고 설명한다. 《한비자》〈팔간八姦〉편에 신하들의 여덟 가지 간사한 행동에 대해 지적하는 내용이 나오는데, 이 간사한 행동을 하지 못하도록 하기 위해서는 반드시 형명일치와 형명참동의 원칙이 필요하다고 말한다.

앞에서 예로 든 N사의 경우를 들어 다시 설명하면, 아이디어만 제출하고 실행에는 소홀한 그릇된 풍토를 바로잡기 위해서는 아이디어를 제출한 직원이 그것을 얼마나 잘 실행하고 성과를 냈는지 평가하고 그에 따른 상벌을 내려야 한다. 그러지 않으면 직원들은 손쉽게 CEO의 비위를 맞출 수 있는 달콤한 아이디어를 내놓는 데에만 신경 쓰고 그 아이디어를 결과로 연결시키는 행동은 하지 않을 것이다.

새로운 아이디어를 기꺼이 환영하고 검토하는 분위기는 조직이 반드시 갖추어야 할 요소다. 그러나 아이디어가 아이디어에서만 그친다면, 제안이 실행으로 이어지지 않는다면 아무 의미가 없다.

또 하나 주목해야 할 것이 있다. 직원이 사전에 보고한 업무 계획과 그 계획에 따른 실적의 관계를 명확히 파악해야 한다는 말에는 실적이 모자라도 문제지만 넘쳐도 문제라는 뜻이 내포되어 있다.

한비자는 "애초에 진언한 것은 보잘것없었는데 큰 공을 이룬 경우에도 벌을 주어야 한다"고 하면서 〈이병〉편에서 다음과 같이 조언하고 있다.

> 의견은 작으면서 성과가 큰 신하도 벌한다. 큰 성과가 기쁘지 않아서가 아니라 명목이 들어맞지 않아 생길 해가 그 성과가 갖는 이득보다 더 크기 때문에 벌한다.

목표를 초과하여 높은 실적을 달성했는데 벌을 주라니? 이 부분은 선뜻 납득이 되지 않을 수도 있다. 당초 예상했던 목표를 초과 달성했다면 오히려 그 노고를 높게 평가해서 상을 주어야 하지 않겠는가?

하지만 곰곰이 생각해보자. 어떤 직원이 실적 100을 목표로 했는데 120을 달성했고, 이에 대해 리더가 칭찬도 하고 상여금까지 줬다고 하자. 이런 일이 반복되면 다른 직원들은 '초과 달성'이 훨씬 더 큰 평가를 받는다는 것을 눈치챌 것이고, 그렇게 되면 도전적인 목표를 잡기보다는 안전하게 달성 가능한 목표를 설정할 가능성이 크다.

즉 한비자는 신하들은 이익에 민감하며 어떻게든 노력은 덜하고 더 많은 성과를 얻어내려는 속성을 갖고 있는데, 목표를 초과 달성한 신하가 포상을 받는다면 신하들은 초과 달성의 모습을 갖추기 위해 편법을 부릴 가능성이 높다는 점을 지적하는 것이다.

인간의 긍정적인 면을 강조하는 유가에서는 한비자의 신하에 대한 가정(假定)이 가혹하다고 보았으나 실제 중국의 역대 왕들은 이 가정이 대단히 현실적이라 보고 자신의 통치에 활용했다.

리더가 지키지 않으면 아무도 지키지 않는다

말과 행동이 일치해야 한다는 원칙은 조직원뿐만 아니라 리더 본인도 반드시 지켜야 하는 덕목이다. 회사의 총책임자가 자기가 한 말에 책임을 지지 않는다면 어느 누가 책임지는 자세를 보이겠는가? 리더는 느끼지 못할지도 모르지만 직원들은 리더의 말과 행동에 아주 민감하게 반응한다. 리더의 단점, 일하는 습관과 방식 등은 그대로 조직 전체에 영향을 미친다.

일단 CEO의 입에서 새로운 제안이 나왔으면 어떤 식으로든 추진을 하고, 그 결과에 대해 냉정한 평가를 할 수 있어야 한다. 결과가 성공이면 성공인 대로 회사에 이익이 될 것이고, 실패로 끝난다하더라도 그 과정에서 회사는 교훈을 얻을 수 있기 때문이다. 하지만 제대로 챙기는 사람이 없어 중간에 흐지부지돼버리면 이는 회사에 아무런 이익이 되지 못한다. CEO는 반드시 기억해야 한다. 자신의 말에 책임을 지는 데서 성공 경영이 시작된다는 것을.

N사는 계속된 신규 프로젝트에 허덕이다가 원래 주력으로 하던 사업 분야에서 제대로 성과를 내지 못해 위기를 맞이했다. 충분한 준비도 없이 시작한 프로젝트들은 성과를 거두기는커녕 급작스럽게 중단되었고, 함께 진행하던 협력사로부터 소송을 당해 힘겨운 법적 분쟁까지 진행하고 있다. 신 대표에 의해 시작된, 말과 성과의 불일치로 인해 조직 내부적으로는 무책임한 아이디어를 내놓는 분위기만 확산되었고, 설익은 프로젝트를 시도하다 제휴 업체와 분쟁이 발생한 것이다.

신 대표로서는 비싼 수업료를 치른 셈이다. 신 대표는 뒤늦게 신규 프로젝트를 전면 중단하고 기존 사업과 오랜 의뢰인 관리에 최선을 다하고 있다.

침묵을 찬성이라고 착각할 때 생기는 문제들

의견을 내지 않는다면
책임을 피하고 자리를 유지한 데 대해 책임을 져야 한다.

《한비자》 제18편 〈남면南面〉

━━━━━━━━ P컴퓨터의 대표이사 홍 사장은 여러 건의 투자 계획을 이사회에 올려서 논의했다. 당시 이사회에서 다른 이사들이 투자 안건에 대해 반대 의견을 내지 않아 총 50억 원의 투자가 실행됐다.

그런데 경기가 안 좋아지면서 국내 PC시장 규모가 줄어들자 P컴퓨터의 투자는 결국 실패로 돌아갔고 투자금 전부를 손실로 처리할 수밖에 없었다. 그러자 P컴퓨터의 주주들은 홍 사장을 포함해서 사내 이사들 전부를 상대로 손해배상 소송을 제기했다. 홍 사장은 나에게 소송의 방어를 위임했고, 나머지 이사들은 다른 변호사에게 소송을 맡겼다. 홍 사장과 이사들은 모두 같은 이해관계였으므로 같은 변호사가 사건을 처리하는 것이 좋을 텐데 왜 다른 변호사에게 사건을 맡기는지 궁금했다. 홍 사장의 설명은 이랬다.

"이사들은 '투자에 관한 모든 결정은 대표이사가 했다, 우리는 책임 없다'라는 식으로 주장할 거라고 하네요. 대표이사가 독단적으로 처리했으니까 대표이사만 책임을 져야지 나머지 선량한 이사들은 책임이 없다는 겁니다. 이게 말이 됩니까?"

홍 사장은 분통을 터뜨렸다.

"임원 자리에 있던 사람들이, 이사회 할 때는 아무 말도 안 하다가 이제 와서 자기들은 책임 없다면서 빠져나가다니 무책임한 일입니다. 정말 배신감을 느낍니다.”

홍 사장이 배신감을 느낀 이유는 무엇일까? 다른 이사들도 이사회에서 논의된 투자 계획에 대해 찬성을 해놓고 이제 와서 딴소리를 한다고 생각하기 때문일 것이다. 그런데 과연 다른 이사들의 생각은 어떨까? 소송 진행 과정에서 다른 이사들은 이런 주장을 했다.

“솔직히 저희는 대표이사의 투자 제안에 대해 반대하고 싶었습니다. 하지만 대표이사가 모든 일을 결정하는 분위기였기 때문에 드러내놓고 반대를 할 수 없었습니다. 이사회는 형식에 불과했고 실질적으로는 대표이사가 혼자서 모든 일을 결정했습니다.”

다른 이사들의 주장이 반드시 옳다고 생각하지는 않지만, 이 말을 듣고 나니 적어도 홍 사장이 어떤 부분에서 잘못을 저질렀는지는 알 수 있었다. CEO의 입장에서는 자신이 추진하는 일에 대해 반대 의견을 내는 직원보다 찬성해주는 직원이 더 마음에 들 것이다. CEO의 마음이 이미 한 곳을 향하고 있는데 이에 대해 비판을 하면서 다시 생각해볼 것을 요청하는 직원이 야속하게 느껴질 수도 있으리라.

하지만 이와 관련해서 리더들이 각별히 주의해야 할 점이 있다. 리더가 제안한 의견에 ‘침묵’하는 직원들이 그 의견에 모두 ‘찬성’한다고 생각하면 안 된다. 리더는 침묵을 ‘긍정’으로 이해하고 싶겠지만 ‘침묵’의 숨은 의미는 ‘긍정’만이 아닐 수 있음을 알아야 하다

침묵은 찬성을 의미하지 않는다

홍 사장은 자신도 모르는 사이에 투자를 실행하고 싶다는 생각을 다른 이사들에게 비쳤고, 이사들은 그런 CEO의 마음을 읽고는 굳이 나서서 반대하지 않은 것일 뿐이다. 그러다가 훗날 문제가 되자 이사들은 뒤늦게 자신들의 속마음을 주장하고 나선 것이다. 이 점에 대해 한비자는 〈남면南面〉편에서 다음과 같이 지적한다.

책임이 두려워서 의견을 내지 않고 중요한 자리만 차지하고 있다면 발언하지 않은 데 대한 책임을 물어야 한다. 군주는 신하가 의견을 말할 때 반드시 처음 의견을 기억하여 말과 성과가 부합하는지 보고 책임을 물어야 한다. 말하지 않은 것에 대해서도 반드시 의견을 물어 책임을 지게 한다면, 신하들은 허황된 말을 하지 않을 것이며 침묵만 지킬 수 없을 것이다.

중요한 자리를 차지하고 있는 신하된 자가 책임이 두려워 의견을 내지 않고 있다면 군주는 그 신하의 의견이 무엇인지를 정확하게 물은 다음 그에 따른 책임을 지우라는 것이 한비자의 조언이다. 바로 홍 사장이 놓쳤던 부분이다.

침묵하는 직원들에게 의견을 정확히 물어보지 않는 리더에게는 다음 두 가지 문제가 생길 수 있다.

첫째, 직원들의 '침묵'을 '긍정'으로 받아들이는 좋지 않은 관행이 생긴다. "특별히 반대 의견 없었으니 당연히 내 말에 찬성한 것으로 봐야 되는 것 아닙니까?"라는 홍 사장의 불만은 바로 이런 관행이 만들어낸 것이다.

둘째, 침묵한 직원들에게 정확한 책임을 묻기 어려우며, 나중에 문제가 생길 경우 서로 책임을 떠넘기는 일이 생긴다. 직원의 입장에서는 업무의 성패를 알 수 없을 때 변명의 여지를 남기기 위해서 침묵하고 싶은 유혹에 빠지기 쉽다. 모호한 입장을 취하는 것이 책임을 덜 지는 방법이 될 수 있기 때문이다. 침묵하는 직원에게 정확하게 의견을 말하도록 했다면 그 직원이 나중에 책임을 지지 않고 변명할 때 잘못을 지적할 수 있다. 실제 소송 과정에서 대표이사와 대립 관계에 있는 직원들이 가장 많이 하는 변명이 바로 "제 의견이 어떤지 안 물어보셨잖아요?"이다. 이것만 보더라도 리더가 직원들의 의견을 물어보는 행위 그 자체가 얼마나 중요한 일인지 알 수 있다.

그런데 직원들이 자신의 입장을 정확히 밝히지 않는 이유를 그들의 탓으로만 돌려서는 안 된다. 평소 리더의 제안에 반대 의견이 나왔을 때 리더가 어떤 식으로 대응했느냐가 직원들의 태도를 결정한다. 반대 의견을 내는 직원에게 리더가 화를 내거나, 혹은 자신의 제안을 받아들이도록 무리수를 쓴다면 어느 직원이 자신의 의견을 리더에게 소신껏 제시할 수 있겠는가?

직원들이 의사결정에 참여해야 조직의 역량도 발휘된다

조직원이 참여하든 참여하지 않든 의사결정의 궁극적인 책임은 리더에게 있다. 그렇다고 해서 조직원이 뒷짐만 지고 서있어도 괜찮다는 말은 아니다. 어떤 프로젝트든 제대로 완성하려면 모든 조직원들의 노력이 한데 모아져야 한다.

그런데 조직원들에게 그 프로젝트를 추진하는 이유가 'CEO가 제안한 거니까, CEO가 하고 싶어하니까'가 되어서는 안 된다. 그렇게 되면 조직원들은 책임감 없이 일을 하게 될 가능성이 높고, 당연히 최대한의 역량을 발휘할 수도 없다. 대부분의 사람들은 자신이 의사결정에 직접 참여한 일에 대해 동기를 얻고 책임감을 갖는다. 비록 자신의 의견과 다르게 결정이 되더라도 의사결정 과정에 직접 참여했느냐의 여부는 매우 중요하다. 결국 CEO는 직원들의 최대 역량을 이끌어내기 위해서라도 반드시 의견을 들어봐야 한다.

리더가 중요한 정책을 결정할 때 직원들의 의견을 충분히 청취하지 않는 경우 직원은 단지 손님이나 구경꾼에 머물러 수동적으로 업무를 수행하기 십상이다. 그렇게 되면 결국 리더가 모든 일을 결정하느라 힘도 더 들고 책임도 곱절은 져야 한다. 이래서야 어찌 조직 운영을 제대로 할 수 있겠는가.

P컴퓨터의 이사들은 소송 과정에서 평소 홍 사장이 이사들의 의견을 전혀 묻지 않고 독단적으로 정책을 결정했던 업무 처리 방식에 대해 자세하게 설명했다. 그 결과 법원은 홍 사장에게 가장 무거운 책임을 지웠고 다른 이사들은 홍 사장의 3분의 1 정도의 책임만 부담하라는 판결을 선고했다.

리더는 절대 모든 일을 혼자 결정하고 처리하려고 해서는 안 된다. 그렇게 하다 보면 직원은 더 이상 의견을 내지 않는다. 리더 혼자 결정한 일에 대해서 직원들은 책임을 지지 않으려고 하고 최선을 다하지도 않는다. 리더가 직접 회의를 주재할 때든 아니든 어떤 직원이 어떤 의견을 내는지 반드시 확인을 해야 한다. 또한 리더의 입장과 다른 의견이 나올 때 날을 세워 대응해서는 안 되며, 반대로 찬성 의견이라고 과도하게 칭찬하고 옹호해서도 안 된다.

의견을 물었을 때 애매한 표정으로 미소 짓는 직원이 있다면, 그는 당신의 의견에 찬성하는 것이 절대 아니다. 리더에게 책임을 떠넘기고 있는 것이다. 그러니 침묵하고 있는 직원이 있다면 이렇게 물어보라.

"당신의 의견은 어떠한가? 그리고 그렇게 생각하는 이유는 무엇인가?"

누가 당신을 미혹하는가

어떤 일에 대해 신하가 쉽게 말하고
경비가 적게 든다면서 근사한 사업인 것처럼 군주를 속이는데,
군주가 이 말에 혹해서 검토하지 않고 칭찬한다면
그 일로 인해 신하가 군주를 제압하게 될 것이다.

《한비자》 제18편 〈남면南面〉

━━━━━━━ 허 대표는 직원 30여 명 규모의 중소기업을 운영하고 있다. 회사가 성장하면서 총괄본부장이 필요하다고 판단해 자신의 대학 후배를 영입했다. 그 본부장은 넉살 좋고 성격이 화통해 누구와도 잘 어울렸다. 본부장에 선임된 지 얼마 되지 않아 직원 모두가 그를 따를 만큼 리더십도 갖추고 있었다.

본부장을 영입하고 1년쯤 지났을까, 허 대표가 법률 자문을 구하기 위해 내가 있는 로펌을 방문했다. 자문 내용은 그 본부장과 도저히 같이 일할 수 없어 해고를 하려 하는데 근로기준법상 어떤 절차를 거쳐야 하는가에 대한 것이었다. 내가 회사를 방문했을 때 본부장을 본 적이 있었는데, 사람 좋아 보이는 웃음에 친화력이 있어서 호감이 갔다. 그런 사람을 곁에 두고 있으니 허 대표가 인복이 많다는 생각이 들 정도였다. 그런데 갑자기 그를 해고하려고 한다니 선뜻 이해가 되지 않았다. 허 대표의 설명은 이랬다.

허 대표도 처음에는 그를 정말 믿을 만한 자신의 심복으로 생각했다. 본부장은 사소한 일까지 시시콜콜 대표에게 보고했는데, 대표 입장에서는 본부장이 지휘 체계를 중요하게 여긴다는 생각이 들어 믿음이 갔고, 그래서 웬만한 일은 본부장 전결(專決)로 처리하도록 지시했다.

특히 허 대표는 본부장이 대표와 직원들 사이에서 중간관리자 역할을 제대로 수행하는 것에 큰 점수를 주고 있었다. 예를 들어 허 대표가 특정 직원의 근무 태도에 대해 걱정스러운 말을 하자 그 부분은 자신에게 맡겨달라고 자신 있게 말했고, 실제로도 직원들과 자주 회식을 하며 적극적인 소통을 하는 것이 보여 안심했다는 것이다.

그런데 허 대표는 우연한 기회에 다른 직원과 식사를 하다가 본부장이 자신의 뜻을 왜곡해서 직원들에게 전달하고 있다는 사실을 발견했다. 허 대표는 분명 해당 직원의 문제점을 제대로 지적해서 개선해주기를 원했으나 본부장의 말은 그렇지 않았다.

"이봐, 사장님은 자네의 업무 태도가 다소 불만이신 듯해. 그런데 내 생각은 달라. 아무래도 사장님은 공학도라 그런지 세심하고 걱정이 많으시더라고. 자네들이 이해해주면 좋겠어."

대표의 지시가 본부장에 의해 왜곡되어 전달되고 있었고, 나아가 본부장은 "나는 당신들의 입장을 충분히 이해한다"라면서 대표와 자신을 분리하는 방식으로 직원들의 사기를 북돋우고 있었다. 이는 허 대표가 의도하는 바가 아니었다.

허 대표는 본부장 주위에 항상 직원들이 모여드는 모습을 보면서 직원 통솔을 잘하고 있다고만 생각했는데, 실상은 직원들과 공감대를 형성하면서 허 대표를 교묘하게 왕따시키는 상황이 연출되고 있었던 것이다.

또 다른 문제도 있었다. 당시 본부장은 대외 제휴 업무도 도맡아 하고 있었다. 그중에서 특히 T사, K사와의 제휴 업무가 중요했는데, 구체적인 성과가 잘 나오지 않아 허 대표 입장에서는 신경이 쓰였다. 하지만 본부장이 미팅을 다녀와서는 시간이 걸리긴 하지만 조금씩 진전되고 있으니 큰 걱정은 하지 말라는 식으로 보고했기에 그 말을 믿었다.

그런데 본부장이 장기 해외 출장을 가게 되어 허 대표가 직접 T사와 K사를 찾아가 미팅을 해보니, 진행 상황은 딴판이었다. 본부장이 보고한 내용과는 달리 업무 진행이 제대로 되지 않고 있었다. 더 놀라운 것은 허 대표가 전혀 모르는 추가적인 제안이 논의되고 있었다는 점이다. 허 대표가 그 제안을 자세히 살펴보니 평소 본부장이 친하게 지낸다고 자랑했던 그의 친구 회사와 관련된 것이었다. 허 대표는 울분이 치솟았다.

"본부장은 우리 회사에서 월급 받으면서 다른 일을 하고 있었습니다. 말만 번지르르하게 한 거죠. 제가 그동안 본부장에게 속은 것을 생각하면 화가 나서 견딜 수가 없습니다."

법적인 문제와 다른 잡음이 발생하지 않도록 조율한 끝에 본부장은 권고사직을 받아들였고, 문제는 잘 마무리되었다. 그러나 대내외적으로 중요한 역할을 담당하던 본부장 자리가 비면서 허 대표는 그 공백을 메우기 위해 상당 기간 고생해야 했다.

보이는 대로 믿지 말고 항상 의심하라

이런 경우 거짓말을 일삼고 앞뒤가 다르게 행동한 본부장만 문제일까? 허 대표의 잘못은 없을까?

그 해답을 《한비자》에서 찾고자 한다면, 군주가 신하를 제어하는 방법을 다룬 〈남면南面〉편을 주목해볼 필요가 있다. 남면(南面)은 군주가 자리 잡은 방향을 의미하는데, 따라서 신하는 자연스럽게 북면(北面)을 향하게 된다. 이렇듯 군주와 신하는 바라보는 방향이 다르기 때문에 군주는 널리 아래를 두루 살피며 누구도 믿지 말고 법을 따를 것을 은유적으로 표현한 말이 바로 '남면'이다.

한비자는 '신하의 말'과 '일의 성과'가 일치하는지 정확하게 '검토'하지 않은 채 앞서 칭찬하지 말라고 강조한다. 만약 신하의 말만 믿고 제대로 확인하지 않은 채 넘어가는 일이 반복된다면 신하가 군주를 속이는 데서 더 나아가 군주를 제압하게 될 것이라고 경고한다.

이 사례에서 본부장은 겉으로 보기에 원만한 성과를 내고 있었다. 하지만 그것은 어디까지나 겉으로 보이는 부분이었다. 허 대표는 본부장의 말과 실질이 서로 일치하는지 확인을 하지 못한 잘못이 있다. 윗사람은 어두운 데서 밝은 곳을 보듯 아랫사람을 점검해야 한다. 직원들이 어떤 말을 하든 사실에 근거하는지 아닌지 구분해내는 역량을 길러야 한다. 처벌을 할지 여부는 그다음 문제다.

한비자는 왜 인간을 신뢰하지 못하고 지속적으로 의심하고 확인해야 한다고 강조했을까? 사실 한비자는 인간의 본성이 그리 선하지 않다고 보았다. 인간은 이익을 좋아하기에 외부의 적절한 통제가 없으면 어느 순간 자기통제력을 잃어버리고 월권을 하게 된다고 보았고, 그것은 결국 조직 전체를 위험에 빠뜨리게 된다고 경고했다. 그렇기 때문에 군주는 법(法), 즉 원칙에 근거하여 끊임없이 신하를 통제하고 확인해야 한다고 본 것이다.

미혹하는 직원을 가려내는 지혜

허 대표뿐 아니라 리더들이 가장 저지르기 쉬운 실수 중 하나가 바로 당장 눈앞에서 뭔가를 보여주는 직원에게 후한 점수를 주는 것이다. 본부장처럼 화려한 언변으로 성과를 부풀리고, 리더가 듣기 좋아하는 말만 하면서 리더의 마음을 잘 헤아려주는 척하는 사람일수록 리더는 더 주의깊게 관찰해야 한다.

한비자는 〈내저설 상 칠술內儲說 上 七術〉편에서 누가 군주를 미혹하는지 알아내는 방법에 대해 여러 사례를 소개하고 있는데 그 중 두 가지 이야기를 소개한다.

한(漢)의 군주인 소후(昭侯)는 신하들을 시험해보기 위해 자른 손톱을 손안에 쥐고 일부러 손톱 한 개를 잃은 척하며 "손톱을 잃어버리는 일은 불길하니 무슨 수를 써서라도 찾아내라"고 심하게 재촉했다. 당황한 신하들이 온 방 안을 이 잡듯 뒤졌지만 소후의 손톱을 찾지 못하는 것은 당연했다. 그러자 한 신하가 자기 손톱을 몰래 잘라 소후 앞에 내밀면서 이렇게 말했다. "여기 있습니다. 손톱을 찾았습니다." 소후는 이로써 자신의 측근 중 누가 자신을 미혹할 수 있는지를 알게 되었다.

연(燕)나라 재상에 자지(子之)라는 인물이 있었다. 어느 날 집 안에 앉은 채 일부러 측근들을 돌아보고 물었다.

"지금 문밖으로 달려나간 게 흰 말 아닌가?"

"아닙니다. 아무것도 보지 못했습니다만."

모두가 그렇게 대답했는데, 그중 한 사람이 문밖으로 달려나가더니 돌아와서 보고했다.

"분명 흰 말이었습니다."

이렇게 해서 자지는 측근 가운데 충성스럽지 못한 자를 알 수 있었다.

두 이야기 모두 "누가 충성스럽지 못한지(미혹할 수 있는지)를 알 수 있었다"라는 말로 끝맺고 있다. 한비자는 '리더는 조직원 중 누가 자신을 미혹할 수 있는지에 대해 객관적인 정보를 갖고 있어야 한다'고 강조한다. 이것을 기업 경영에 적용하면, CEO는 말과 행동에 거짓이 없는지 꿰뚫을 수 있을 만큼 직원과 업무의 진행 상황, 시장 상황 등에 대해 상세히 파악하고 있어야 한다는 것으로 풀이할 수 있겠다.

그런데 때로는 그 실상을 확인하기 어려운 때도 많은데, 그럴수록 직원들은 더욱 CEO를 미혹하고 속일 가능성이 크다는 점도 명심해야 한다. 경우에 따라 알면서도 모르는 척하고 물어보거나, 없었던 일을 있었던 것처럼 하고 상대의 반응을 떠보는 것도 필요할지 모른다.

《한비자》〈외저설 좌상外儲說 左上〉편에 나오는 사례 하나를 더 소개한다.

식객 가운데 제왕을 위하여 그림 그리는 사람이 있었다. 제왕은 어떤 그림이 가장 그리기 어려운지 물어보았다. 그 식객은 "개나 말이 가장 어렵습니다"라고 대답했다. 다음에는 어느 것이 가장 그리기 쉬운지 묻자 "도깨비입니다"라고 답했다.

"개나 말은 사람이 알고 있는 것이며, 아침저녁으로 눈앞에 보여 똑같이 그릴 수 없기에 어렵습니다. 도깨비는 형체가 없는 것이며 보이지도 않기 때문에 가장 그리기가 쉽습니다."

리더는 확인할 수 없는 말, 보이지 않는 성과로 현혹하는 직원을 경계해야 한다. 보이지 않는다고 해서 적당히 꾸며대는 직원은 리더의 판단을 흐리고 다른 조직원에게도 나쁜 영향을 끼친다. 어떤 리더는 직원이 거짓말을 하면 속으로만 '믿을 수 없는 사람'이라는 꼬리표를 붙이고 실제론 아무런 조치도 취하지 않는 경우가 있다. 이렇게 되면 다른 직원들이 리더가 조직원들에 대해 언제나 정당한 평가를 내려줄 것이라는 신뢰를 갖기가 어렵다.

특히 중요한 업무를 담당하고 있는 직원이 문제점은 빼놓고 그럴 듯한 내용만 보고하고 있다면 더욱 냉정하게 검증을 해보아야 한다. 일을 하다 보면 예상치 못한 장애물을 만나기도 하고 아무리 준비를 해도 대응하기 어려운 상황이 벌어지기도 한다. 그런데 계속해서 긍정적인 내용만 보고하고 있다면 현재 업무 진행 상황이 제대로 공유되지 않고 있다는 신호는 아닌지 체크해볼 필요가 있다.

만약 "아무 문제없이 잘 진행되고 있으니 저만 믿으시면 된다"라면서 은근슬쩍 뭉치고 넘어가려 한다면 그것은 더 큰 문제다. 어떻게 생긴지도 알 수 없는 도깨비를 들이밀고 있는 것일지도 모르기 때문이다.

| 제 5 강 |

발톱과 어금니를 함부로 내주지 마라

자한이 송나라 군주에게 말했다.
"칭찬하고 상 주는 일은 백성들이 좋아하는 것이니
군주께서 직접 하십시오.
죽이고 처벌하는 일은 백성들이 싫어하는 것이니
제가 하겠습니다."

《한비자》 제35편 〈외저설 우하外儲說 右下〉

━━━━━━━ 공학박사 출신인 S테크의 김 대표는 웬만해서는 화를 내지 않는 온화한 성격이다. 그러한 성향 때문인지 직원들과 직접 접촉하는 것보다는 혼자 조용히 연구실에서 일하는 것을 더 좋아하는 편이다. 하지만 CEO는 홀로 연구만 할 수는 없다. 회사를 경영하려면 직원들에게 싫은 소리를 해야 하고, 심지어 직원을 해고해야 하는 일도 생긴다. 김 대표는 그런 일을 감당하면서 많은 스트레스를 받았다.

그래서 이런 악역을 대신해줄 만한 사람을 찾다가 주위의 추천으로 예비역 중령 출신인 차 상무를 영입했다. 차 상무는 장교 출신답게 조직원들을 통솔하는 면에서는 김 대표와는 비교가 안 될 정도로 경험이 풍부했다. "대표님은 연구에만 매진하십시오. 악역은 모두 제가 담당하겠습니다. 욕이란 욕은 제가 다 듣겠습니다"라는 차 상무의 말에 김 대표는 그저 든든하기만 했다.

차 상무가 S테크에 입사하자마자 다소 느슨하던 회사 분위기는 순식간에 바뀌었다. 우선 가장 큰 변화가 있었던 부분은 근태에 관한 것이었다. 김 대표는 예전부터 직원들의 근태에 불만이 많았다. 아무래도 IT회사이다 보니 야근이 많은 편이라 직원들의 출근 시간이 들쭉날쭉했는데, 김 대표는 직원들을 엄하게 꾸짖지 못했다.

하지만 차 상무는 아침 7시 반에 가장 먼저 출근해서 직원들의 출근 시간을 빈틈없이 챙겼고, 직원들도 이제 시간을 지키지 않을 수가 없었다.

또 차 상무는 잘못을 저지른 직원들에게는 눈물이 쏙 빠지도록 호통을 쳤고, 나태한 직원들에게는 시말서를 쓰게 했다. 과오가 심각하여 회사에 피해를 입힌 경우에는 감봉 조치를 하기도 했다. 그는 김 대표도 몰랐던 사내 징계 제도를 근거로 엄격하게 직원들을 통솔했다.

김 대표는 참으로 흐뭇했다. 자신의 약한 부분을 이렇게 보완해 주는 상무가 있으니 앞으로는 연구에만 몰두하면 되겠다고 생각했다. 이제 회사의 토대가 단단해지면서 더 잘될 일만 남았다는 기대에 부풀기도 했다.

그런데 차 상무가 S테크에 입사한 지 1년 정도 시간이 흐르자 사내에서 이상한 기류가 감지되었다. 김 대표는 자신이 형식상 대표이사에 불과할 뿐 실질적으로는 마치 한 명의 연구원이 아닌가 하는 느낌이 들기 시작한 것이다.

김 대표에게 업무를 지시받은 직원들은 차 상무의 눈치부터 살폈다. 대표이사가 지시한 일인데도 차 상무의 허락을 받은 후에야 실행에 옮겼다. 아울러 차 상무도 조금씩 변해갔다. 처음에는 김 대표가 무슨 지시를 하건 곧바로 수긍하고 실행에 옮겼는데, 어느 정도 시간이 흐르자 무슨 이야기를 하면 자신은 생각이 다르다며 토를 달거나 이의를 제기하는 일이 잦아졌다.

왜 이러한 상황이 벌어진 걸까?

차 상무는 그동안 직원들과 꾸준히 유대감을 형성하면서, 한편으론 징계권을 적절히 활용해 조직 내 질서와 분위기를 장악했다. 직원들은 연구실에 주로 있는 대표이사보다는 자신들의 안위에 직접적인 영향을 미치는 차 상무가 어떤 생각을 하고 있는지에 대해 더 민감했다. 결과적으로 김 대표는 직원들에 대한 영향력을 잃어버리고 허울뿐인 대표이사로 밀려나버린 것이다.

김 대표는 기가 막혔다. 회사가 존재할 수 있고, 직원들에게 월급을 줄 수 있는 자원은 대부분 자신이 연구하고 개발한 제품에서 비롯된 것이었다. 그런데 정작 임직원들은 차 상무의 코드에 맞춰 일을 하고 있으니 김 대표로선 어이가 없을 수밖에 없었다. 더구나 차 상무는 공공연하게 연봉 인상을 요구하는 것도 모자라 은근슬쩍 으름장을 놓기도 했다. 차 상무는 직원들이 김 대표에게 불만이 많지만 자신이 잘 막고 있으니 걱정하지 말라고 말했다. 즉 자신이 없으면 회사에 문제가 발생할 것이니 알아서 대우를 잘해달라는 협박 아닌 협박을 하는 것이었다.

김 대표는 이러한 상황에서 자신이 차 상무에게 취할 수 있는 조치가 무엇일지에 대해 내게 자문을 구했다. 나는 김 대표가 대주주로서 차 상무를 이사직에서 해임할 수는 있으나 현재 문제시된 사안만으로는 정당한 해임으로 보기 어려워 손해배상 책임을 질 수 있다는 점을 설명해주었다.

형벌권과 포상권을 함께 가지고 있어야 한다

한비자는 군주가 신하를 다스릴 때 중요한 원칙 중 한 가지로 '형벌권'과 '포상권'을 함께 가지고 있어야 한다는 점을 강조한다. 그 이유는 군주가 형벌권과 포상권을 잃을 경우 그 권한을 물려받아 휘두르는 권신(權臣)들에게 권한이 집중될 위험이 크기 때문이다. 한비자는 신하와 백성들이 군주보다 형벌권과 포상권을 행사하는 권신들의 뜻을 더 따르려고 할 경우 군주는 권위를 잃는 것은 물론이고 자리까지 위태로워질 수 있다고 경고한다.

한비자가 상벌의 권한에 대해 언급한 두 가지 사례를 보자.

전상(田常)은 군주에게 작위와 봉록을 요청해 벼슬아치들에게 나누어줬다. 또 백성들에게 곡물을 빌려줄 때는 큰 말로 주고, 거두어들일 때는 작은 말로 받아 은혜를 베풀었다. 그러자 제나라의 군주 간공(簡公)은 덕을 잃고 전상이 그 권한을 차지하게 되었으며, 결국 간공은 시해당했다.

−〈이병〉편

자한(子罕)이 송(宋)나라의 군주에게 말했다.

"포상을 받는 것은 백성들이 좋아하는 일이므로 왕께서 직접 하시고, 형벌을 받는 것은 백성들이 싫어하는 일이므로 신이 담당하겠습니다."

송나라 군주가 말했다.

"그렇게 하라."

그리고 위엄 있는 명령을 내리거나 대신들을 처형할 때마다 군주는 이렇게 말했다.

"자한에게 물어보라."

이로 인해 대신들은 자한을 두려워하고, 백성들은 자한을 따르게 되었다. 한 해가 지나자 자한은 송나라 군주를 죽이고 정권을 빼앗기에 이른다.

－〈외저설 우하〉편

〈이병〉편의 전상은 단지 은덕을 베푸는 권한만 사용하고도 간공을 시해할 수 있었고, 〈외저설 우하〉편에서 자한은 형벌의 권한만 사용해서 송나라 왕을 위협할 수 있었다. 이러한 사례들을 통해 한비자는 군주가 상과 벌의 권한을 신하에게 주어 사용하게 하면 군주는 도리어 신하에게 통제당할 것이라고 이야기한다.

물론 군주로부터 권한을 위임받은 신하가 《삼국지》의 제갈량(諸葛亮)처럼 군주에 대한 충성심이 아주 깊은 경우라면 이야기가 달라진다. 이런 신하는 위임받은 권한을 행사하면서 스스로 몸을 낮추고 위엄과 공을 군주에게 돌림으로써 군주의 권위를 훼손시키지 않을 것이기 때문이다. 하지만 문제는 모든 신하들이 제갈량 같기를 바랄 수는 없다는 데에 있다. 한비자도 "군주는 권세에 의지해야지 신의를 믿어서는 안 된다"고 말했다.

권한을 올바르게 쓰는 것도 리더의 의무다

한비자는 〈망징亡徵〉편에서 "군주의 권세는 가벼운데 신하들의 권세가 무거우면 그 나라는 망할 것이다"라고 했다. 군주의 권세는 군주 자신에게서 나오는 것이 아니라 상벌의 권한에서 나온다. 군주가 상벌의 권한을 신하들에게 나누어주면 호가호위(狐假虎威), 즉 여우가 호랑이의 위세를 빌려 호기를 부리는 상황이 벌어지게 된다. 호가호위의 일화를 보면, 여우의 간사한 거짓말에 속은 호랑이가 여우를 자신의 등에 태운다. 그리고 짐승들이 호랑이 등에 올라탄 여우가 아니라 호랑이를 보며 도망치는 것인데도 호랑이는 그것을 깨닫지 못한다. 결국 호가호위의 상황에 대한 책임은 여우보다는 호랑이에게 있는 것이다.

한비자의 이러한 주장에 대해 현재의 경영 현실과는 다소 동떨어진 주장이 아닌가 하는 의문이 들 수 있다. 모든 권력이 군주 한 사람에게 귀속되어 있던 절대군주 시대에는 걸맞은 교훈일 수 있겠으나, 적극적인 위임과 분권을 통한 효율적인 업무 처리가 강조되는 오늘날의 기업에서는 적용되기 어려운 원칙이 아닌가 하는 의문 말이다.

하지만 한비자가 무조건 권한 위임을 반대하는 것은 아니다. 상과 벌의 권한은 리더의 본질적인 권한에 속하는 것이므로 이것을 위임해서는 안 된다는 것이다. 이 권한이 위임될 경우 권력의 지형도에 변형이 오고, 이로써 리더의 지휘권은 표류하게 될 위험이 있다. 그리고 이는 회사의 존립 위기로 이어질 수 있다.

S테크의 사례에서도 문제의 발단은 차 상무가 직원들에게 영향력을 행사하도록 권한을 준 김 대표에게 있다. 이 사례는 CEO가 자신의 성향에 맞지 않는다 하여 상과 벌로 직원들을 통솔하는 권한을 다른 사람에게 맡겼을 때 어떤 일이 벌어지는지를 잘 보여주고 있다.

결국 김 대표는 주주총회에서 차 상무에 대한 해임을 결의했다. 그러자 차 상무는 자신이 부당하게 해임되었음을 이유로 S테크에 대해 손해배상 소송을 제기했다. 손해배상은 이미 김 대표가 각오한 일이었다. 소송 과정에서 차 상무는 김 대표를 원색적으로 비난했다. 회사가 어려울 때 자신을 영입해 직원들 근무 기강을 바로잡아 달라고 부탁했으면서 조직 내부가 어느 정도 안정되자 자신을 헌신짝처럼 버렸다고 말이다. 그러면서 김 대표가 경영 능력이 없고 CEO 자격도 없다며 강도 높은 비난을 퍼부었다. 이 과정에서 김 대표 역시 깊은 상처를 입었다.

한비자는 〈이병〉편에서 이렇게 말한다.

호랑이가 능히 개를 굴복시킬 수 있는 까닭은 발톱과 어금니를 가졌기 때문이다. 가령 호랑이가 발톱과 어금니를 버리고 이를 개가 쓰게 한다면 호랑이가 도리어 개에게 굴복할 것이다. 군주란 형(벌)과 덕(상)을 가지고 신하를 제어하는 자다. 만일 군주가 형과 덕의 권한을 놓아두고 신하가 그것을 쓰도록 한다면 군주는 도리어 신하에게 제어당할 것이다.

자신의 권한을 과도하게 휘두르는 군주의 해악 못지않게 권신들에 의해 힘없이 휘둘리고 자신의 권한을 제대로 행사하지 못하는 군주의 해악 역시 큰 법이다. 한비자가 거듭 강조한 것처럼 리더의 발톱과 어금니를 함부로 내어주지 마라. 상과 벌의 권한을 올바르게 행사하지 못하면 조직을 위험에 처하게 만들 수 있다.

상은 가뭄 끝에 내리는 단비 같아야 한다

현명한 군주가 내리는 상은
마치 때맞추어 내리는 비처럼 따뜻하여
백성들이 그 이로움을 좋아한다.

《한비자》 제5편 〈주도主道〉

━━━━━━━ J사의 류 사장은 자신이 원하는 속도만큼 직원들이 따라오지 못하는 점이 늘 불만이었다. 그는 어떻게 하면 직원들이 좀 더 적극적으로 일하도록 할 수 있을까 고민하다, '이달의 우수 직원 이벤트'를 통해 동기부여를 해보기로 했다. 대표이사 및 팀장들의 심사를 거쳐 한 달에 한 명씩 우수 직원을 뽑고, 그 직원에게 포상금으로 100만 원을 지급하기로 했다. 직원들의 사기가 높아질 수 있다면 월 100만 원 정도는 문제가 되지 않았다.

류 사장이 기대한 것은 우수 직원으로 뽑히기 위해 직원들이 선의의 경쟁을 하고 이를 통해 일의 능률과 생산성이 높아지는 것이었다. 그런데 결과는 전혀 예상 밖이었다. 결과를 발표하면 대다수 직원들이 "그 사람이 왜 우수 직원이지?"라며 이해할 수 없다는 반응을 보였고, 우수 직원으로 뽑힌 직원은 다른 직원들에게 민망해하는 상황이 연출됐다. 매월 이벤트가 거듭될수록 직원들 사이에서는 우수 직원으로 선정되지 않으려는 묘한 분위기까지 생겼다.

그런데 어느 날 류 사장은 팀장으로부터 어느 직원의 어머니가 병원에 입원했다는 소식을 전해 들었다. 류 사장은 그 직원을 사장실로 조용히 불러서 전후 사정을 물어본 다음 50만 원을 봉투에 넣어 병원비에 보태라며 건넸다. 그러자 그 직원은 눈물을 글썽이며 감격했다. 류 사장 역시 마음이 따뜻해지는 것을 느꼈다.

얼마 후 류 사장은 '이달의 우수 직원 이벤트'를 없앴다. 대신 팀장들로부터 직원들의 집안 사정이나 개인적으로 어려운 점을 파악한 뒤 직원을 개별적으로 불러서 면담하고 그 직원에게 꼭 필요한 지원을 해주었다. 류 사장은 이 과정에서 직원들과 훨씬 속 깊은 대화를 나눌 수 있었고, 직원들이 류 사장을 바라보는 눈빛도 달라짐을 느낄 수 있었다.

류 사장은 내게 이 일화를 전하며 이렇게 말했다.

"돈이 최고라지만 돈이 다는 아닌가 봅니다. 휴가든, 개인적인 도움이든 꼭 필요한 것을 필요한 시점에 주니 직원들이 진정으로 고마워하더군요."

좋은 상은 적시에 필요한 것을 주는 것이다

꼭 필요한 것을 필요한 때에 주는 것은 고아한 지혜의 경지다.

류 사장뿐 아니라 모든 리더들이 "어떻게 하면 직원들의 사기를 북돋우고 더욱 분발하도록 할 수 있을까"에 대한 고민이 많은데, 그 과정에서 가장 많이 시도하는 방식이 '금전적 보상'이다. 류 사장 역시 100만 원이라는 상금이 직원들에게 동기부여가 되어 더 열심히 일할 거라 기대했으리라.

하지만 직원들은 류 사장이 생각하는 대로 움직이지 않았다. 그 이유는 무엇일까? 내 생각에 류 사장은 'CEO가 주고 싶은 것'을 'CEO가 원하는 때'에 주려 했을 뿐, '직원들이 받고 싶은 것'을

'직원들이 원하는 때'에 주지 않았기에 100만 원이라는 거금을 주면서도 직원들의 공감을 얻지 못했던 것 같다.

몇 달째 비가 오지 않는 가뭄이라고 생각해보자. 사람들이 가장 원하는 것은 무엇일까? 시원한 빗줄기일 것이다. 때마침 비가 내린다면? 사람들은 그 어느 때보다 비를 내려주는 하늘에 고마워할 것이다.

한비자는 군주가 상(賞)을 내리고자 할 때는 시우(時雨), 즉 때맞춰 내리는 고마운 비처럼 해야 한다고 가르친다. 신하와 백성들을 면밀히 살펴 그들에게 진정으로 필요한 것이 무엇인지를 파악해서 베풀어주고, 받는 이는 그 베풂을 고맙게 여길 수 있어야 상으로서의 의미가 있다고 보았다.

이런 점을 간과한다면 아무리 많은 보상을 제안해도 기대한 만큼의 효과를 얻지 못할 수 있다. J사의 이벤트 상금이 그랬던 것처럼, 시우가 아닌 시도 때도 없이 내리는 비는 성가시고 불편한 존재가 될 뿐이다. 특히 "자, 여기 좋은 것이 있으니 이것을 얻기 위해서 노력하라!"라는 식의 제안은 자칫 잘못하면 모욕으로 비칠수도 있어서 각별히 주의해야 한다.

실제 경험했던 사례 하나를 소개한다.

D사의 김 사장은 다른 임원들의 통제를 받지 않는 사장 직속 '비서실'에 인원 다섯 명을 두고 있었다. 이들은 사장의 뜻을 신속하고 효율적으로 집행하기 위한 친위대 성격을 갖고 있었기에, 회사 안에서는 '5위방'으로 불렸다

5인방은 지휘 계통을 뛰어넘어 다른 임원들을 감시하고 직접 CEO에게 보고할 수 있는 권한을 갖고 있었다. 사장의 총애를 한몸에 받고 있는 5인방에 대한 다른 임직원들의 시선은 당연히 곱지 않았다. 하지만 김 사장의 애정이 워낙 컸기에 싫어도 아무 불평을 하지 못했다.

특히 5인방의 우두머리인 박 과장은 김 사장의 오른팔이었다. 박 과장과 나는 D사가 진행 중인 소송 업무를 같이 하면서 개인적으로도 친분을 쌓게 되었다. 그런데 박 과장이 어느 날 회사에 사표를 냈다. 김 사장의 신임을 받고 있던 박 과장이 갑자기 사표를 내자 회사에서는 그 이유를 궁금해했다. 나 역시 이유가 알고 싶어 작별 인사를 하러 온 박 과장을 붙잡고 물었다. 그러자 박 과장은 머뭇거리다가 뜻밖의 설명을 했다.

박 과장의 어머니는 1년 전부터 신장이 많이 안 좋아져서 일주일에 두세 번씩 신장 투석을 받으러 병원에 가야 했고, 밤에는 때에 맞춰 계속 약을 드셔야 했다. 아직 미혼인 박 과장은 자신이 좀 더 많은 시간을 할애해서 병간호를 하고 싶었다. 하지만 김 사장은 박 과장이 자리를 비울 틈을 좀처럼 주지 않았다. 자기가 가장 아끼는 직원이라면서 중요한 미팅 자리는 물론이고 개인적인 술자리에도 데려가 인맥을 소개시켜 주었다. 그럴 때마다 박 과장에게 이런 자리가 미래에 얼마나 큰 힘이 되는지, 그만큼 박 과장을 얼마나 아끼고 있는지 강조하면서 회사의 비전을 이야기하곤 했다.

"사장님의 마음은 고마운데요, 사실 제겐 어머니를 제대로 모실 시간과 병원비가 더 필요했거든요. 하지만 사장님은 계속 술만 사 주시면서 미래에 대한 말씀을 하시는데, 그 말씀만으로는 저의 힘든 부분이 해결이 안 되더라고요. 이번에 옮기는 곳에서는 제 개인 시간을 더 쓸 수 있습니다. 연봉도 좀 올랐고요. 저를 믿어주신 사장님께는 무척 죄송한 마음입니다."

박 과장의 갑작스러운 퇴사에 김 사장은 큰 충격을 받았는지 '배신자' 운운하며 크게 화를 냈다.

나는 박 과장이 자기 사정을 김 사장에게 솔직하게 말했으면 어땠을까 하는 생각이 들었지만, 한편으로는 보스가 원대한 포부를 이야기하는데 그 앞에서 개인적인 문제를 얘기하는 것이 쉽지 않았을 거란 짐작도 됐다.

김 사장은 자신이 박 과장을 누구보다 아끼고 있다고 생각했기 때문에 더욱 배신감을 느꼈을 것이다. 하지만 박 과장 입장에서는 김 사장이 밤늦게까지 자신을 데리고 다니며 미래를 이야기한 것이 오히려 어머니를 간호할 시간을 빼앗아버린 결과가 되고 말았다. 김 사장의 애정 표현은 적어도 박 과장에게는 '때맞춰 내려주는 고마운 비'가 아니었던 것이다. 김 사장이 자기가 하고 싶은 이야기만 하지 말고 박 과장 개인의 어려운 부분은 무엇인지를 세심하게 파악했다면 이처럼 갑작스런 이별은 없었을지 모른다.

당신의 조직은 어떤 보상을 원하는가

위사람이 아랫사람에게 무언가를 베풀 때는 세심한 주의가 필요한데, 다음과 같은 점을 유념해야 할 것이다.

첫째, 다른 사람이 차별 대우로 느끼지 않도록 주는 내용을 공개하지 말고 개별적으로 주는 것이 좋다.
둘째, 가장 아쉬울 때 가장 필요한 것을 주는 것이 좋다.
셋째, 조금씩 간격을 두고 지속적으로 주는 것이 좋다.

윗사람으로서 아랫사람에게 무언가를 베풀 때는 자신이 옳은 일을 하고 있다는 생각에 빠져 아랫사람의 입장을 고려하지 못하는 경우가 많다. 하지만 자신의 입장에서 베푸는 것이 아랫사람에게는 고역이 될 수 있다는 점을 알아야 한다. 이른바 베푸는 것에도 정도(正道)가 있는 것이다. 그렇지 않으면 '일방적인 퍼주기'가 되기 십상이며, 직원들의 마음을 얻지 못하는 처량한 신세가 되고 만다.

직원들이 무엇을 원하는지는 업계에 따라, 업무에 따라 조금씩 다를 것이다. 그러나 한 가지 분명한 것은 성과급이나 승진, 상사의 인정과 같은 옛날 방식의 보상이 전부인 시대는 지나간 듯하다. 지금 당신이 이끌고 있는 조직원들이 진정으로 원하는 보상은 무엇인가. 그 대답에 자신 있게 답할 수 있길 바란다.

예의를 잃으면 모든 것을 잃게 되는 법이다

행동이 편협하고 건방지며 제후들에게 무례하면
스스로를 망치게 될 것이다.

《한비자》 제10편 〈신가十過〉

━━━━━━━━ K정공 최 회장은 젊은 나이에 맨주먹으로 사업을 시작해 지금은 다섯 개의 계열사를 운영하고 있다. 그런데 어느 날 검찰청 수사관들이 회사에 들이닥쳐 회계장부와 사업 관련 서류 일체를 압수해갔다. 그리고 최 회장 집무실의 벽을 밀더니 그곳에 숨겨져 있던 금고를 꺼내 비밀번호를 눌러 안에 있던 중요 서류까지 모두 가져갔다. 놀라운 것은 최 회장의 비서실 직원들조차 그 금고의 존재를 몰랐다는 점이다.

사건의 전말은 이렇다. 누군가가 검찰에 K정공 최 회장의 분식회계에 대해 투서를 했는데, 그 투서에는 K정공 내부인이 아니면 도저히 알 수 없을 은밀한 사실들이 적혀 있었다. 그래서 검찰도 투서가 믿을 만하다고 판단하고 K정공에 대한 압수수색을 벌였던 것이다.

K정공은 형식상 주식회사였을 뿐 실질적으로는 최 회장 개인 회사처럼 운영되었다. 역시나 막상 자료들을 펼쳐보니 문제가 한두 가지가 아니었다. 나는 어떻게든 K정공을 변호하려 노력했으나 쉽지 않았다. 검찰은 K정공의 은밀한 내부 자료들을 들이밀며 강하게 압박했고 결국 최 회장은 자신의 죄를 인정할 수밖에 없었다.

그런 상황에서도 최 회장은 직원들에게 투서한 사람이 누군지 찾아내라고 호통을 쳤고, 직원들은 결국 투서의 주인공을 알아냈다. 그는 10여 년 가까이 경리부서에서 근무하던 직원으로 사소한 실수를 하는 바람에 최 회장의 마음을 언짢게 하여 회사를 그만둔 사람이었다. 최 회장은 "너 같은 놈한테 월급 준 게 아깝다"라는 말로 모욕을 주었고, 결국 그 직원은 사표를 제출했던 것이다. 그로부터 석 달 뒤에 그 직원은 검찰청에 투서를 했다.

나는 왜 이런 상황이 벌어졌는지 궁금했다. 총무부 박 이사는 언제고 이런 일이 터질 것 같아서 늘 불안한 마음이었다고 털어놓았다. 그의 설명에 따르면, 최 회장은 자신의 마음에 들지 않는 임직원에게 지나친 언사로 모욕을 주는 일이 잦았다. 결국 이번 일도 그러한 언사가 불러온 참사라는 것이다.

"회장님이 자수성가를 하셔서 그런지 결단력 있고 과감하세요. 그런데 직원들을 내보낼 때는 그런 면이 지나쳐서 가혹하게 느껴질 정도였습니다. 20년 가까이 근무한 직원이라도 실수를 하거나 못마땅한 행동을 하면 '자네처럼 무능한 직원에겐 월급을 줄 수 없네'라며 가차 없이 책상을 치워버리는 방식으로 사람을 내보냈습니다. 그러다 보니 어떤 직원들은 독한 마음을 먹게 된 것 같습니다."

엄격함과 모욕을 주는 것은 다르다

CEO에게 엄격함과 위엄은 반드시 필요한 요소다. 친근함과 위센티브 등으로 동기부여를 할 수도 있지만 때로는 CEO의 위엄이 조직원들을 단결시키고, 그들의 흐트러진 마음을 바로잡게 하는 동력이 된다.

그런데 '엄격함과 위엄을 갖추는 것'과 '모욕을 줘서 반감을 사는 것'은 분명 다르다. CEO가 조직원들에게 무례하게 행동해서 그들로부터 반감을 사는 행위는 피해야 할 행동이다. 특히 화가 난다고 해서 정제되지 않은 거친 표현으로 하고 싶은 말을 다해버리는 것은 리더로서 절대 하지 말아야 할 일이다. 직원이 아무리 아랫사람이라고 해도 '사람에 대한 예의'를 갖추고 대해야 한다.

어떤 직원이 잘못을 해서 어쩔 수 없이 해고를 해야 하는 경우라면 우선 그 잘못에 대해 정확히 지적을 해주고, 왜 해고 사유가 되는지 충분히 설명해야 한다. 마지막으로 그동안 회사를 위해 수고했다는 인사도 잊지 말아야 한다. 그래야 직원이 자신의 잘못을 인정하고 회사의 결정에 수긍할 수 있다.

그런데 최 회장은 잘못을 한 직원에게 모욕적인 말을 하고, 이에 더하여 책상을 치워버리는 유치한 방법으로 직원의 일자리를 빼앗았다. 그러니 직원은 자신의 잘못을 인정하는 마음보다는 억울하고 분한 마음이 먼저 들었을 것이다.

정당한 사유가 있어야 하고 합리적인 절차를 통해야 하겠지만, CEO는 직원을 해고할 수 있는 권한을 갖고 있기 때문에 직원들 입장에서는 함부로 대하기 어려운 막강한 힘을 가진 존재다. 하지만 고양이에게 꼼짝 못하는 쥐도 막다른 골목에선 고양이를 문다고 하지 않는가. 사람도 마찬가지다. 하루아침에 직장을 잃어버리고 인간적인 모욕까지 당한 처지라면 어떤 식으로든 되갚아주고 싶다는 마음이 드는 것이 인지상정이다.

이렇게 내부의 직원이 회사와 CEO를 대상으로 독한 마음을 먹는 것은 매우 위험하다. 업무를 하면서 획득한 정보를 이용해 얼마든지 회사와 CEO를 궁지에 몰아넣을 수 있기 때문이다. 그 직원이 회사의 주요 기밀에 접근할 수 있는 권한을 가졌던 사람이라면 더더욱 그러하다.

사람은 나쁜 것을 더 오래 기억한다

군주의 엄격함과 위엄을 강조하는 한비자도 아랫사람에게 무례하게 굴어 원한을 사는 짓은 하지 말라고 가르친다. 《한비자》의 〈내저설 하 육미內儲說 下 六微〉편에 다음과 같은 일화가 소개된다.

제나라의 이야(夷射)라는 사람이 어느 날 임금의 주연(酒宴)에 참석했다가 몹시 취하여 밖으로 나와 회랑(回廊)의 문지방에 기대어 있었다. 그때 죄를 지어 다리가 잘린 문지기가 다가와 말했다.

"대감님, 드시다 남은 술이라도 좋으니 조금만 주십시오."

그러자 이야는 불쾌한 표정으로 소리쳤다.

"닥치거라. 죄를 짓고 다리까지 잘린 주제에 어느 안전이라고 그 따위 말을 지껄이느냐! 썩 물러가라."

호통을 들은 문지기는 자리를 떴다가 이야가 들어간 후에 다시 돌아왔다. 그러곤 이야가 서 있던 회랑의 문지방 아래에 물을 뿌려 마치 누군가 오줌을 싼 것처럼 해놓았다.

다음 날 아침, 왕은 문지방 아래에 물이 마르다 만 흔적을 보고 물었다.

"여기에 누가 오줌을 누었느냐?"

그러자 문지기는 겁에 질린 표정으로 이렇게 대답했다.

"누가 그랬는지 알 수 없습니다. 다만 어제저녁 이야 대감께서 이곳에 서 계신 것을 보았을 뿐입니다."

그 말을 들은 왕은 궁전을 더럽혔다는 죄목으로 이야를 처형했다.

이 이야기에서 보듯이, 낮은 지위에 있는 사람도 얼마든지 높은 지위의 사람에게 위해를 가할 수 있다. 권한이나 능력이라는 점에서 볼 때 문지기가 이야를 당해낼 수는 없다. 하지만 이야의 편협한 언행과 태도에 앙심을 품은 문지기는 교묘한 말 한마디로 이야를 죽음에 이르게 했다. 문지기는 "이야가 오줌을 누었다"라는 식으로 드러내놓고 거짓말을 하지도 않았다. 그저 왕이 오해를 하도록 애매한 표현으로 답을 고했을 뿐이다.

어쩌면 CEO 입장에서는 억울할 수도 있을 것이다. 비록 마지막 순간에는 야멸차게 대했지만 그동안 직원들에게 잘해준 것도 많은데 그런 것은 인정받지 못했다는 생각이 들 수 있다.

하지만 잘 알다시피 사람의 마음은 어디로 흘러갈지 알 수가 없다. "백 번을 잘해줬어도 한 번 못 해준 것만 기억하는 게 사람이다"라는 말도 있지 않은가. 참으로 야속하고 무정한 인간의 심리를 담은 말인데, 사실 이 말에는 뇌과학에 바탕을 둔 근거가 숨어 있다.

인간은 위험한 상황으로부터 자신을 보호하기 위해서 본능적으로 불안하고 위험한 상황에 대한 민감도가 높아지도록 진화했다. 위험하고 불쾌한 기억들은 뇌의 변연계를 자극해서 오랫동안 기억 속에 존재하면서 또 다른 위험 상황에 대처하게 해준다. 즉 나쁜 기억을 더 오래 기억하는 것은 생존을 위한 우리 뇌의 자연스럽고 거부할 수 없는 본능이다.

CEO도 사람이니 인정이나 의리를 생각하면 어떻게 그럴 수 있나 하는 섭섭한 마음이 생길 수 있겠으나 이것이 우리 인간의 본능인 것을 어쩌겠는가. 회사를 이끌어야 하는 입장에서 섭섭함만을 끌어안고 있는 태도는 도움이 되지 않을 뿐이다.

인연의 끝맺음은 부드럽고 원만해야 한다

투서 사건으로 인해 K정공은 6개월간 국세청의 세무조사 및 검찰의 조사를 받았고, 그 결과 대표이사를 비롯한 여러 임원들은 분식회계를 이유로 기소가 되어 집행유예 판결 및 거액의 추징금 결정을 받았다. 또한 대표이사를 포함한 임원들이 회사에 손실을 끼치게 된 것이 드러나자 K정공의 주주들은 임원들을 상대로 대표소송을 제기했다. 결국 임원들은 거액의 손해배상금을 물어야 했고, K정공의 주가는 급락하는 바람에 경영권 분쟁의 대상이 되었다.

그렇게 오랫동안 차근차근 쌓아 올렸던 기반이 어느 시점부터 순식간에 무너져버린 것이다.

CEO로서 회사를 이끌다 보면 때론 모진 말을 하고 냉정하게 행동해야 할 때도 있다. 그러나 과정과 태도가 무례해서는 안 된다. 특히 직원을 내보내야 할 때는 더욱 그렇다. 어느 CEO도 이런 상황을 피할 수는 없다. 그렇기에 사람과의 관계는 시작할 때보다 끝낼 때가 더 중요하다는 사실을 잊지 말아야 한다. 한번 맺은 인연을 놓아야 할 때는 최대한 부드럽고 원만하게 끝내야 한다. 인연이 시작되는 단계에서는 어떤 식으로든 자신의 잘못을 보완할 기회가 있지만 인연을 끝낼 때에는 보완할 기회를 갖지 못하기 때문이다.

나쁜 기억이 더 오래 가니 무조건 직원들에게 잘해줘야 한다는 의미는 아니다. 원칙에 근거해 위엄을 갖고 대한다면 직원 입장에서 서운할 순 있겠지만 삐뚤어진 마음을 갖게 되지는 않는다. 하지만 자신의 기분에 따라 일관성 없이 나오는 말과 행동, 편협하고 사사로운 마음이 담긴 처벌은 직원들에게 보복심을 안겨줄 수 있다.

〈십과+過〉편은 군주가 범해서는 안 될 열 가지 잘못을 다루고 있다. 여기에 소개된 일화에서 한 신하는 왕에게 "제후들을 모으려 한다면 예가 있어야 합니다. 이것은 나라가 존립하느냐 망하느냐 하는 위기입니다"라고 간언한다. 이 말을 따서 나는 이렇게 조언하고 싶다.

"직원들의 마음을 모아 회사를 이끌고 싶다면 예의를 갖추십시오. 그렇지 않으면 회사 존립을 위태롭게 하는 위기를 불러올 수 있습니다."

한 번 배신한 사람은 또다시 배신할 수 있다

자네가 이를 하려는 것은
의리에 매여서가 아니라 이익 때문이다.
오나라는 강하고 부유하지만 위나라는 약하고 가난한 바,
자네는 오나라로 갈 것이다. 나는 자네가 오왕을 위하여
그 수법을 나에게 쓰지 않을까 두렵다.

《한비자》 제22편 〈설림 상說林 上〉

━━━━━━━━ 나의 오랜 지인이기도 한 W사의 오 사장은 3년 전 '직원의 이직과 영업비밀'에 관한 법률 자문을 구했다. 내용의 요지는 경쟁사인 K사에서 개발팀장으로 있던 박 과장이 W사로 이직하려는 의사가 있어서 협의를 하고 있는데, 법적으로 문제가 없는가 하는 것이었다.

나는 오 사장에게 회사의 업무상 주요 정보를 알고 있는 사람이 경쟁사로 이직할 경우 문제가 될 수 있는 두 가지 쟁점에 대해 말해주었다. 첫째는 전직 회사에서 '동종업체로의 취업을 일정 기간 금지하는 것에 동의하는 서약서'를 썼을 경우고, 둘째는 이직한 회사에서 전직 회사의 중요한 영업비밀을 유출할 경우다.

사실 오 사장이 박 과장을 영입하려는 이유는 그가 보유한 K사의 다양한 연구 실적을 확보하고 싶어서였다. 물론 박 과장도 자신이 그런 자료를 제공해줄 수 있음을 은근히 과시하면서 연봉 협상을 하고 있는 듯했다.

나는 오 사장에게 법률적인 쟁점과 별개로 사람을 쓰는 문제와 관련해 이렇게 조언했다.

"경쟁사의 주요 인재를 데려오는 것은 법적인 문제 이전에 동종업계의 도의적 문제가 될 수 있습니다. 특히 박 과장이라는 사람은 자신이 몸담고 있는 회사를 배신하려는 건데, 그런 사람을 영입하는 문제는 신중하게 접근해야 합니다. 그 사람이 과연 신뢰할 수 있는 사람인지 잘 판단하셔야 할 것 같습니다."

하지만 오 사장이 다른 문제는 자신이 알아서 처리할 테니 법적인 부분만 좀 방어를 해달라고 요청했기에 나는 실질적인 법률 검토에 돌입했다. 다행히도 박 과장은 전 직장에서 '동종업체 취업금지 서약서'를 작성하지 않았음이 확인되었다(중소기업의 경우에는 이런 조치를 미리 해놓지 않는 경우가 많다).

다음 문제는 박 과장이 K사에서 수행한 업무 내용들이 과연 법률상의 '영업비밀'에 해당하는가의 여부였다. 만일 박 과장의 연구 실적이 법률상 영업비밀에 해당하는 것이라면 K사로부터 법적인 공격을 받을 소지가 충분했다. 법적으로 보호되는 영업비밀로 인정받기 위해서는 별도의 관리자를 두고, 영업비밀을 유형화해서 보관해야 하며, 사내 관계자들의 접근이 일정한 절차에 따라 통제되고 있음을 입증해야 한다. 그런데 중소기업의 경우 이러한 요건을 갖춘 경우가 흔치 않다. K사 역시 회사의 주요 영업비밀에 대한 관리가 소홀한 상황이었다.

K사는 박 과장에게 "당신이 만일 W사로 간다면 영업비밀 침해를 이유로 문제를 삼겠다"라는 식으로 공격을 했지만, 내가 파악한 바로는 K사가 박 과장을 영업비밀 침해로 법률적인 제재를 가하기에는 그 요건이 좀 약했다. 그래서 K사에 그들의 주장을 반박하는 내용증명을 보냈다. 박 과장이 알고 있는 정보들이 법률상 영업비

밀로서의 정확한 요건을 갖추지 못하고 있으며, 따라서 W사와 박 과장에게 영업비밀 침해를 이유로 시비를 걸면 협박이나 공갈로 맞고소할 수 있다는 것이 그 요지였다. 결국 법리적으로 치열하게 방어한 끝에 박 과장은 W사에 무사히 입사할 수 있었다.

오 사장은 결과에 매우 만족했고, 박 과장은 K사보다 훨씬 좋은 대우를 받으면서 오 사장의 전폭적인 신뢰 아래 업무를 시작했다.

나는 의뢰인이 원하는 결과를 도출했지만 영 입맛이 썼다. 법적으로는 문제없이 넘어갔지만 박 과장의 행위는 분명 도의적으로 문제가 있었기 때문이다.

그로부터 2년 뒤, 오 사장은 다시 다급히 나를 찾아왔다. 박 과장이 이번에는 W사의 다른 경쟁사인 A사로 이직하기 위해 움직이고 있다는 것이다. 오 사장은 그동안 W사에서 연구한 실적이 유출될 가능성을 걱정했다.

화가 머리끝까지 난 오 사장은 박 과장을 공격할 수 있는 조치가 무엇인지 찾아달라고 의뢰했다. 그래서 이번에는 공격하는 입장에서 영업비밀 문제를 다루게 되었다. 그런데 문제는 오 사장이 박 과장을 신뢰한 나머지 '동종업체 취업금지 서약서'를 받지 않은데다, W사 내부적으로 영업비밀에 관한 관리 체계가 갖춰져 있지 않았다는 것이다.

박 과장은 K사에서 W사로 이직하면서 이직 시 문제될 수 있는 다양한 쟁점에 대해 사전 교육이 되어 있던 셈이다. 따라서 이번에도 아무런 법적인 문제가 없으리란 건 안고는 아주 자신 있게 다른 경쟁사로 이직을 준비했다.

오 사장은 자기가 박 과장을 너무 쉽게 믿은 것이 화근이라면서 후회막급이라고 했다. 나로서도 박 과장의 이직을 막기 위해 다양한 법리를 고민해봤지만 W사에서 영업비밀 보호와 관련한 아무런 사전 조치를 하지 않았기에 취할 수 있는 법적 수단이 거의 없었다. 결국 박 과장은 여유만만하게 W사에서 A사로 이직할 수 있었다.

달콤한 제안에 감춰진 이기적인 본성

"한 번 배신한 사람은 언제든 또다시 배신할 수 있다"라는 말이 있다. 자신의 이익을 위해 타인을 배신할 수 있는 사람이라면, 그 요건이 충족되면 또 다른 배신도 가능하다는 의미일 것이다. 사람의 이기적인 본성을 깊이 통찰한 한비자 역시 이에 주목하면서 〈설림 상說林 上〉편에서 다음과 같은 이야기를 전한다.

증종자(曾從子)는 칼을 잘 감정(鑑定)하기로 유명했다. 그는 위(衛)나라 왕이 오(吳)나라 왕에게 원한을 품고 있다는 것을 알고 이렇게 제안했다.

"오나라 왕은 검을 좋아합니다. 그러니 제가 오나라에 가서 칼을 감정해주는 척하다가 칼을 뽑아 오나라 왕을 찔러 죽이겠습니다."

하지만 위나라 왕은 이렇게 대답했다.

"네가 그렇게 하려는 것은 너의 이익을 위해서일 것이다. 오나라는 강국이고 부유하지만 위나라는 약하고 가난하다. 그러므로 이익 때문이라면 차라리 오나라로 건너가 오나라 왕을 섬기는 편이 나을 것이다. 네가 만약 오나라로 간다면 이번에는 같은 방법으로 오나라 왕을 위해 나를 찔러 죽이려고 할 것이 아닌가?"

위나라 왕은 그 즉시 거절하고 증종자를 추방했다.

위왕은 증종자의 사람됨을 꿰뚫어 파악하고, 그의 부당한 제안을 거절했다.

'사람이 자신의 이익을 위해 움직이는 것'은 당연한 일이며, 또 자연스러운 일이다. 이 자체를 비난하기란 어렵다. 하지만 타인에게 손해를 끼칠 수 있음을 밝히며, 그로 인해 당신에게 이익을 줄 수 있다는 식으로 자신을 어필하는 사람이 있다면 각별히 조심해야 한다. '누군가'에게 손해를 끼치겠다는 점을 자신의 강점으로 내세울 때는 그 제안을 듣는 사람도 그 '누군가'가 될 수 있음을 잊어서는 안 되는 것이다.

CEO의 경우에 회사 운영에 큰 도움이 될 수 있는, 혹은 당장 직면한 경영상의 문제를 해결할 수 있는 달콤한 제안을 받으면 그 제안에 숨겨진 위험을 발견하지 못하는 경우가 많다. 평소에는 사리분별이 확실한 사람이라도 어느 순간 욕심이 지혜를 가려 어리석은 결정을 한다.

박 과장이 오 사장에게 제안했던 내용은 법적인 판단을 하기에 앞서 대단히 불순한 의도가 포함된 것이었다. 오 사장은 박 과장이라는 사람과 그의 사람됨에 주목해야 했음에도, 박 과장이 가지고

올 자료에 욕심이 나서 그만 중요한 것을 놓쳐버렸다.

몸값을 올리기 위해 회사를 배신하고 경쟁사로 이직하는 것을 아주 쉽게 생각하는 박 과장의 이기심에도 문제가 있지만, 그에 앞서 나는 오 사장의 불찰과 단견(短見)을 지적하지 않을 수 없다.

눈앞의 큰 이익이 판단력을 가리는 경우가 있다. 그것이 독배가 될 수 있음을 명심해야 한다.

이익을 거래하는 사람은 끝까지 믿지 마라

한비자의 가르침에 따르면 사람은 누구나 자신의 이익을 앞세우기 마련이다. 다만 위험한 것은 더 큰 이익을 취하기 위해 드러내놓고 거래를 하려는 행동이다.

사실 어떤 면에서 보면 뻔뻔하게 자신의 이익을 요구하는 직원이 리더 입장에서는 상대하기 더 편할 수 있다. 이를 역이용하면 직원의 요구를 들어주면서 조직 입장에서도 원하는 바를 확실하게 얻을 수 있기 때문이다. 하지만 이런 경우일수록 조건만 충족되면 다시 신의를 저버릴 수 있는 사람이라는 사실을 절대 잊어서는 안 된다.

자신의 이익을 앞세우는 '이기심'은 사람들을 흥하게도 하고 망하게도 하는 무서운 운명의 수레바퀴로 작용한다. 여러 사람을 이끌고 조직을 운영해야 하는 리더는 자신의 이익을 우선시하는 사람의 본성을 이해하고 이를 토대로 직원들의 말과 행동을 철저하게 관찰해야 할 필요가 있다.

리더의 피드백은 왜 중요한가

군주가 신하의 말을 듣는 이유는 신하의 말을 통해
그에 상당한 일을 주고 헌신하게 하는 데 있다.
군주는 신하의 말을 귀 기울여 듣고
잘 생각해 정도를 판단하고 내용을 구분해야 한다.

《한비자》 제8편 〈양각揚権〉

━━━━━━━ "저 같은 사람 딱 한 명만 더 있으면 좋겠어요."

Y시스템의 권 대표가 자주 하는 하소연이다. 사실 내가 만나는 중소기업 CEO들 중에는 이와 비슷한 이야기를 하는 사람들이 많다. 권 대표가 가장 안타까워하는 부분은 어떤 일을 시켰을 때 이를 제대로 끝내는 직원들이 많지 않다는 점이었다.

"일단 일을 시작했으면 끝을 내야 하잖아요? 하다가 중간에 흐지부지되는 일이 어찌나 많은지. 그리고 일에 대한 고민이 없어요. 너무 답답합니다."

그런데 Y시스템 총무부장의 말은 좀 달랐다. 그는 식사 자리에서 권 대표에 대한 직원들의 불만을 조심스럽게 이야기하면서 내게 조언을 구했다.

"대표님이 직원들을 좀 답답하게 생각하시는 것 같은데, 직원들은 대표님께 말하지 못하는 불만들이 많습니다. 대표님의 지시대로 A라는 일을 진행하다 중간 보고를 하면 대표님은 A에 대한 정확한 피드백을 주시는 것이 아니라 갑자기 딴 얘기를, 그러니까 B에 대한 말씀을 꺼내시는 겁니다. 대표님은 혼자 머릿속에서 다른 생각을 하고 계신 거지요. 그런데 왜 A에서 B로 생각이 바뀌었는지, 직원이 발전시킨 A에서 뭐가 아쉬웠는지 얘기를 안 하십니다. 담당자 입장에서는 대표님의 지시에 따라 A를 발전시켜 오고 있는데, 대표님이 갑자기 B를 검토해보라고 하니 어리둥절하고 허탈할 수밖에 없지 않겠습니까. 일을 잘못 진행한 건지, 어떤 부분에서 대표님과 생각이 달랐는지를 알고 싶은데 알 수가 없으니 답답할 뿐이지요. 이럴 땐 어떻게 해야 할까요?"

총무부장의 말을 토대로 정리해보면 권 대표는 A에 대한 보고를 듣고도 피드백을 정확히 주지 않고 전혀 다른 일을 언급해서 직원을 혼란스럽게 만들었다. 그 결과 A 프로젝트는 제대로 마무리되지 않았고, 권 대표는 이를 직원 탓으로만 돌렸다. CEO의 지시에 충실하려고 했던 직원들 입장에서는 오히려 분명한 피드백을 주지 않은 채 결과만 놓고 따지는 권 대표에게 불만을 갖게 된 것이다.

과연 권 대표는 무엇을 놓친 것일까?

그것은 '제대로 된 피드백'이다. 직원들은 CEO가 지시를 내리면 일단 그 지시에 따른 업무를 진행한다. 그렇다면 CEO는 중간중간 직원들이 진행하고 있는 업무가 어떻게 되고 있는지 보고를 받은 뒤에는 정확하고 적절한 피드백을 주어야 한다. 피드백이 제대로 되어야 직원들은 CEO의 생각을 좀 더 정확히 알게 되고, 자신의 잘못을 시정할 수 있으며, 나아가 더 발전된 업무 역량을 키울 수 있다.

직원들의 역량은 리더의 피드백에 따라 성장한다

중소기업에서는 시스템보다는 직원들 개개인의 역량이 회사의 성과에 미치는 영향이 큰 경우가 많다. 그렇다 보니 중소기업 CEO 들은 직원들의 업무 역량 부족에 대해 많은 고민을 한다.

"우리가 대기업처럼 직원들에 대한 체계적인 교육을 시킬 수 없 잖아요? 물론 중소기업청 같은 곳에서 진행하는 교육 프로그램에 직원들을 보내기는 하는데, 그런다고 제대로 역량이 커지는 것도 아니고요. 그래서 고민입니다."

하지만 나는 CEO의 여러 역할 중 중요한 한 가지는 '제대로 된 피드백을 통해 직원들을 긴장하게 하고 성장시키는 일'이라고 생 각한다. 회사가 담당하는 업(業)에 대해서 가장 많이 고민하는 사 람, 가장 많은 지식을 가진 사람은 바로 그 회사의 CEO다. 그들은 늘 현장에서 부딪히며 실전에서 비롯된 고민을 하기 때문에 CEO 가 갖고 있는 노하우와 인사이트는 그 회사의 매우 중요한 자산이 다. 그뿐인가. 일 속에 빠져서 일하는 사람은 자칫 놓치기 쉬운 전 체 흐름을 큰 맥락에서 읽고 의미를 정리할 수 있는 사람도 CEO다.

따라서 CEO는 직원들에게 어떤 지시를 내린 이후에는 정기적으 로 보고를 받으면서 그에 대한 정확하고 예리한 피드백을 줘야 한 다. 하지만 권 대표는 직원들의 보고에 대해 정확한 피드백을 주는 대신 새로운 이야기를 던졌다. 당연히 직원들은 혼란스러울 수밖 에 없다.

CEO들은 늘 고민을 많이 하기에 아이디어도 많을 수밖에 없다. 그렇다 보니 흔히 저지르게 되는 실수가 진행되고 있던 논의를 마 무리하지 않은 채 새로운 논의를 꺼내거나 논의 방향을 완전히 뒤

집는 것이다. 이런 경우 CEO는 직원들의 말을 잘 듣기보다는 자신의 머릿속 생각에 더 빠져 있는 경우가 많다.

한비자는 〈양각陽攉〉편에서 군주가 신하들의 말에 귀를 기울인 후 이에 대해 세심한 피드백을 해야 한다고 강조하면서 다음과 같이 말한다.

군주가 신하의 말을 듣는 이유는 신하의 말을 통해 그에 상당한 일을 주고 헌신하게 하는 데 있다. 군주는 신하의 말을 귀 기울여 듣고 잘 생각해 정도를 판단하고 내용을 구분해야 한다.

말 되돌려주기야말로 진짜 지시다. 말 되돌려주기가 제대로 될 때 지시도 통하는 법이다.

제대로 피드백하는 법
한비자가 제시하는 군주의 피드백 과정은 다음 세 단계로 정리된다.

첫째, 신하의 말에 귀를 기울이는 단계.
둘째, 신하의 말을 깊이 생각하는 단계.
셋째, 신하의 말에 대해서 그 정도(程度)를 정하고 내용을 구분하는 단계.

권 대표의 피드백 과정을 각 단계에 대입해 살펴보자.

권 대표는 자신이 제안한 A라는 일에 대해 직원이 보고를 하자 대뜸 A가 아닌 B로 일을 진행하라고 지시했다. 권 대표는 직원의 말에 찬찬히 귀를 기울이거나 그 말을 깊이 생각하지 않았고(적어도 귀를 기울이거나 깊이 생각하는 모습을 보여주지 못했다), 직원의 말이 과연 정당한지 그 정도를 정하거나 내용을 구분하지도 않았으며, 적절한 답변도 주지 못했다.

권 대표는 '피드백'을 한 것이 아니라 '새로운 지시'를 내린 셈이다. 직원이 A를 이야기하면 지시한 사람은 A라는 내용을 중심으로 보완 의견을 설명하고, 도저히 A가 적당하지 않다고 판단될 경우 신중하게 B라는 대안을 제시해야 한다. 그런데 권 대표처럼 무턱대고 B로 넘어가면 A를 처리한 직원 입장에서는 당연히 힘이 빠진다. 설령 일에 부족함이 있더라도 부하 직원이 자신의 존재 가치를 인정받고 있다고 느끼게 해주는 것도 CEO의 역할이다.

말을 제대로 되돌려주기 위해서는 세밀하게 듣고 기억해야 한다. 아울러 직원이 보고한 내용에 몇 가지 의견을 더한 다음 "자네의 권한으로 잘 마무리하게. 자네를 믿네"라는 식으로 책임감을 부여해도 좋을 것이다.

군주가 반드시 기억해야 할 여덟 가지 통치 원칙을 설명한《한비자》〈팔경八經〉편에도 피드백에 관한 내용이 나온다.

말은 여러 가지 단서를 종합해서 살펴야 하는데 반드시 지리(地

利)를 근거로 헤아리고, 천시(天時)에 비추어 의논하며, 물리(物理)로 검증하고, 인정(人情)에 따라 살펴야 한다. 이 네 가지 증거가 부합하면 논의의 진상을 볼 수 있다.

아울러 〈팔경〉편에는 군주가 신하들의 의견을 들을 때 주의할 점도 제시하고 있는데, 그중 특히 눈에 띄는 것은 "말의 책임을 묻기 위해 진술한 날짜를 반드시 기록에 남겨야 한다"는 대목이다. 오늘날에도 보고의 날짜와 시간은 나중에 책임을 묻는 데 단서로 이용된다. 한비자는 기원전 2세기의 법치주의자임에도 불구하고 단순히 이론적인 내용만을 전수하지 않았다. 이토록 구체적인 통치 매뉴얼을 제시하고 있다는 점에서 그 가치가 남다르다.

나는 권 대표와 몇 번의 미팅을 가지면서 직원들의 이야기를 간접적으로 전달했고, 《한비자》에 나오는 내용에 대해서도 언급을 했다. 처음에는 권 대표가 불쾌하게 여길까 봐 걱정했는데, 역시 그는 현명한 사람이었다. 자신의 잘못을 시인하고, 좀 더 세밀한 피드백에 관심을 가져야겠다고 했다.

몇 달 뒤 Y시스템을 다시 방문했을 때, 권 대표의 얼굴은 물론이고 사무실 복도에서 만난 직원들의 표정은 한결 밝아 보였다. 신하의 의견에 피드백을 주고 성패까지 따져보라는 한비자의 조언이 현재의 조직에도 적용할 수 있는 매우 유용한 해결책이라는 점을 실감한 순간이었다.

인기에 영합하는 리더십은 위험하다

동정하는 마음이 있으면 잘못이 있어도 처벌하지 않으며,
베풀기 좋아하는 마음이 있으면 공이 없어도 상을 내린다.
잘못이 있는데 처벌을 받지 않고 공이 없는데 상을 받는다면,
비록 망한다 해도 이상할 것이 없다.

《한비자》 제30편 〈내저설 상 칠술內儲說 上 七術〉

━━━━━━━━ 임 회장은 1975년에 N전기를 창업하여 오랫동안 회사를 키워왔는데, 5년 전 갑자기 세상을 뜨면서 경영 수업 중이던 그의 아들 임 사장이 경영권을 물려받게 되었다.

돌아가신 임 회장은 그 시대 경영주들이 대개 그랬듯이 무척 엄하고 카리스마가 넘치는 분이라 회사를 마치 군대 조직처럼 이끌어왔다. 하지만 미국에서 10여 년 넘게 유학 생활을 한 임 사장은 아버지가 만든 회사의 딱딱하고 권위적인 분위기를 일신하고 싶은 마음이 컸다. 그래서 자신이 경영권을 넘겨받은 이후에는 의욕적으로 자유롭게 소통하는 분위기를 만들기 위해 노력했다. 임 사장은 현장 직원들과 만나는 기회를 자주 만들어 그들의 고충을 직접 청취하며, 특별한 일이 없으면 직원들과 구내식당에서 같이 밥을 먹었다.

선친인 임 회장의 리더십이 '제왕적 리더십'이었다면, 임 사장의 리더십은 '섬기는 리더십'이라고 해야 할까? 임 사장이 경영권을 맡은 이후 N전기의 고문 변호사가 된 나는 회사를 방문할 때마다 임 사장과 함께 구내식당에서 식사를 했는데, 그때마다 그가 들려주는 경영 원칙과 스타일이 매우 바람직하다고 생각했고 상당한 호감을 느꼈다.

그러던 어느 날 N전기의 CFO이자 오랜 기간 선대 회장과 함께 일한 김 이사와 회의를 하게 되었다. 그런데 김 이사는 임 사장의 경영 스타일에 대해 걱정이 이만저만 큰 것이 아니었다. 이야기를 들어보니, 우선 임 사장의 경영 스타일이 너무 온정주의로 흘러서 임원들이 직원들을 통솔하는 데에 애로 사항이 있는 것 같았다. 가령 임원들이 직원들에게 업무 지시를 내리고 결과에 대한 평가를 해야 하는 상황에서 임 사장이 먼저 긍정적인 피드백을 할 때가 있는데, 그렇게 되면 임원들이 조금만 엄격하게 피드백을 해도 "사장님은 괜찮다고 하셨는데"라는 불만이 나온다는 것이었다.

그런데 김 이사가 더 크게 걱정하는 부분은 임 사장이 직원들의 인기에 너무 집착한다는 점이었다. 젊고 친근한 CEO로 보이고 싶고, 아버지의 그늘에서 빨리 벗어나고 싶어서 그런지 직원들로부터 존경과 사랑의 표현을 받는 것에 목말라 있는 것 같다고 했다. 그러다 보니 임 사장은 CEO로서 악역을 담당해야 할 때도 그냥 넘어가는 일이 많다는 것이 김 이사의 설명이었다.

"아마도 회사 내에서 인기투표를 하면 사장님이 1등일 겁니다. 하지만 우린 아이돌 스타가 필요한 게 아니거든요."

인기와 평판에 신경 쓰는 순간 벌어지는 문제

따뜻하고 온화한 리더로서 조직원들의 존경과 사랑을 한몸에 받는 모습, 아마 모든 리더들이 꿈꾸는 로망이 아닐까. 그러나 한비자는 군주의 그런 바람이야말로 꿈에 불과하며 현실은 결코 그렇지 않다고 냉정하게 조언한다.

인자한 리더가 과연 조직원들의 충성을 이끌어낼 수 있을까? 한비자는 〈내저설 상 칠술〉편에서 위나라 혜왕의 이야기를 예로 들며 군주의 자애로움은 신중해야 함을 지적한다.

위나라 혜왕이 복피(卜皮)에게 물었다.

"선생은 과인의 평판을 어떻게 듣고 계신지."

복피는 "신은 대왕이 자혜(慈惠)롭다고 들었습니다"라고 대답했다.

왕은 기쁨을 감추지 못하고 되묻기를 "그러면 나의 공은 어디에 이를 것 같소?"라고 하자, 복피는 무심한 표정으로 "왕의 공은 멸망을 초래할 것입니다"라고 대답했다. 복피의 말에 깜짝 놀란 왕은 "자혜는 선행일진대, 이를 실천하는 내가 멸망을 초래한다니 그 무슨 말이오?"라고 되물었다. 그러자 복피는 담담하게 말했다.

"무릇 자비로우면 인정상 차마 못 하는 바가 있게 되고, 시혜를 즐기면 누구에게나 주기 쉽습니다. 차마 못 하는 마음이 있다 보니 과오를 범한 자도 처단하지 못하게 되고, 시혜를 즐기다 보니 공이 없어도 상을 베풀게 됩니다. 잘못해도 벌하지 않고 공이 없어도 상을 받는다면 그런 나라는 멸망해 마땅하지 않겠습니까?"

위나라 혜왕은 스스로의 인기에 도취해 있었고, 자신이 자혜롭다는 평가를 받는 것 자체에 무척 자부심을 느끼고 있었다. 그런 그에게 복피의 말은 아주 따끔했으리라.

　군주의 인자함과 자혜로움 자체가 문제라는 뜻은 아니다. 한비자가 이 이야기를 통해 조언하고자 하는 것은 인자함과 자혜로움이 지나치게 강조되고 군주 스스로 그 사실에 뿌듯함을 느끼고 있다면 포상이 남발되고 신하의 잘못을 질책할 수 없어 결국 조직의 건강이 훼손될 위험이 있다는 점이다.

　한비자는 그의 저서 곳곳에서 유가(儒家)에서 말하는 인자함과 자혜로움의 병폐를 지적하고 있다. 그렇다고 해서 한비자가 인정사정없는 냉혈한이라고 속단해서는 안 된다. 한비자가 남긴 글은 기본적으로 '군주'에게 조언을 하는 내용인데, 당시 한비자가 처한 상황까지 고려해야 조언의 전체적인 맥락을 이해할 수 있다.

　당시는 권신들이 군주의 귀와 눈을 가리며 사리사욕을 취하고 그로 인해 백성들은 고통에 신음하고 있는 춘추전국시대 말엽이었고, 전쟁이 끊이지 않던 혼란의 세월이었다. 한비자는 이와 같은 불합리한 현실을 타개하기 위해서 냉철하면서도 인간의 현실적인 심리를 꿰뚫는 군주의 단호함을 바랐던 것이다. 즉 한비자는 평온한 시절이 아닌 '난세'를 맞이한 군주들이 어떻게 처신하고 조직을 이끌어 나가야 하는지에 대한 실천적인 조언을 하고 있다.

　한비자는 흔히 마키아벨리(Niccolo Machiavelli)와 자주 비견된다. '마키아벨리즘'이라고 하면 권력의 획득·유지·증대를 위해서는 수단과 방법을 가리지 않는 반윤리적인 권모술수를 가리키는 말처럼 간주되는 경향이 있다. 그러나 마키아벨리가 살았던

15~16세기의 이탈리아는 크고 작은 성으로 나눠져 있었고 백성들을 괴롭게 하는 전쟁이 쉴새없이 이어졌다. 그는 이러한 분열 시대를 극복하고 통일된 강력한 나라를 세워야 한다는 바람을 담아 현실적인 정책을 주장한 것이다. 바로 이런 점에서 마키아벨리와 한비자가 일맥상통하는 부분이 있다.

마키아벨리는 《군주론Il principe》에서 통치자의 안이한 자비심이 국가를 위태롭게 할 수 있다고 경고하며 이렇게 말한다.

"인자하기 때문에 도리어 혼란 상태를 조성하고 끝장에 살육과 약탈을 초래하는 군주보다는 잔인한 군주가 나은 것이다. 잔인한 군주는 특정인을 해칠 뿐이지만, 인자한 군주는 결과적으로 국민 전체를 해치기 때문이다. (중략) 사랑받는 것보다 두려움의 대상이 되는 것이 훨씬 안전하다."

그는 군주에게 잔인할 것을 권고하는 것일까? 그렇지 않다. 마키아벨리는 '사랑받고 존경받는 자애로운 군주'에 신경 쓰다 보면 군주가 지켜야 할 원칙이 흔들리고 냉정하게 판단하고 결정해야 할 때 우유부단해질 수 있다는 점을 강조하고 있다. 그렇기 때문에 잔인하게 행동하지 않으면 혼란한 상태에 빠지거나 안전하지 않을 수 있다고 말하는 것이다.

리더도 사람인데 왜 다른 사람들의 시선과 평가가 신경 쓰이지 않겠는가. 그렇기 때문에 인기와 평가에 영합하는 순간 중심을 잃게 된다는 것을 잊지 말아야 한다. '내가 너무 냉정하다고 생각하지 않을까', '내가 CEO라고 어렵다고 생각하고 피하지 않았으면 좋겠다', '이 결정을 내리면 직원들이 좋아할까' 등등 이런 생각에 한번 빠지기 시작하면 제대로 된 판단을 내리기는커녕 큰 혼란을 초래할 수 있다.

인기에 영합하는 리더십은 위험하다

임 사장이 경영권을 넘겨받은 후 2년이 지나자 거래처로부터 품질에 대한 불만 사항이 터져 나오기 시작했다. 선친 회장 때보다 품질관리가 제대로 되지 않았기 때문이었다. 실제 납품을 했다가 품질 문제로 인해 반품을 요구받거나 계약해제로 인한 손해배상 청구까지 당하는 일이 여러 차례 발생했다.

품질관리가 제대로 되지 않은 것을 두고 어떻게 전적으로 임 사장의 잘못이라고만 할 수 있겠는가. 하지만 내부에서는 임원을 비롯한 관리자들이 불량이 나왔을 때는 현장 직원을 준엄하게 질책하고 엄격하게 관리해야 하는데, 이것이 CEO의 경영 스타일로 인해 제대로 이루어지지 않았기 때문이라는 분석이 나왔다.

몇몇 임원들은 임 사장에게 이 문제에 대해 심각하게 조언했다. 임 사장은 조언을 받아들여 자신이 직접 현장 직원들을 만나 의견을 교환하고 업무에 대해 평가하거나 칭찬하는 일을 자제했다. 그 동안 소외되었던 중간관리자들에게도 제대로 역할을 부여하기 시작했다. 그러자 N전기의 내부적인 문제도 조금씩 해결되어 가는 분위기다.

　인간적인 배려와 진심 어린 교감에 바탕을 둔 리더십은 충분히 가치가 있으며 추구할 만한 일이다. 하지만 '인기만을 좇는' 리더는 언제 무너질지 모르는 모래성을 쌓고 있는 것이나 다름없다. 인기란 언제든 사그라들 수밖에 없는 것이고, 인기에 바탕을 둔 리더십은 그만큼 위험하다.

　'분별 있는 인자함'과 '인기 영합'은 분명히 구별되어야 한다. 리더는 사람들의 인정과 사랑에 전전긍긍하는 것은 아닌지 스스로를 돌아보면서, 나의 권위와 힘이 어디에서 비롯되고 있는지 냉정히 따져보고 살펴보아야 한다.

　리더로서 언제나 좋은 평가를 받고 싶다는 심적인 부담감은 내려놓자. 부드러움과 단호함을 균형 있게 사용하고 있다면 그것만으로도 이미 충분하다.

'술'은 군주가 신하들을 다스리는 통치술이다.

각자 맡아야 할 소임을 정하고, 그에 따라 벼슬을 주고,

또 성과에 따라 상과 벌을 주는 것이 통치술의 기본이다.

여기에 더하여 신하들의 능력을 시험하여 인재를 등용하는 방법,

말과 행동을 살펴서 간사하거나 무능력한 신하를 가려내는 방법,

군주를 미혹시키고 권력을 탐하는 자들을 견제하면서

실권을 다투는 방법도 모두 통치술에 포함된다.

통치술을 오늘날 경영 현장에 적용한다면 조직 구성원들이

최대한의 능력을 발휘하게 하는 리더십의 기술과 자세라고 할 수 있다.

아무리 강한 군주라고 해도 혼자서 나라를 다스릴 수 없고,

아무리 뛰어난 리더라고 해도 혼자서 성과를 낼 수는 없다.

한비자가 제안하는 생생한 사례와 조언을 통해

인재를 내 편으로 만들고 원하는 대로

움직이게 하는 법에 대한 통찰을 얻어가길 바란다.

[제 2 장]

術

술: 인재를 지혜롭게 쓰는 기술

하나의 유능함이 열의 지혜를 이길 수 없다

하급의 군주는 자기의 능력을 모두 사용하고,
중급의 군주는 다른 사람의 힘을 모두 사용하며,
상급의 군주는 다른 사람의 지혜를 모두 사용한다.

《한비자》 제48편 〈팔경八經〉

━━━━━━━━ G테크의 강 대표는 미국 아이비리그 출신의 수재에 만능 스포츠맨이며, 회사의 주력 사업인 신재생 에너지 분야에 관한 박사 학위까지 보유하고 있다. 강 대표는 회사에서 발생하는 모든 문제에 대해 누구보다 정확한 진단을 내리고, 또 그에 걸맞은 해결책을 제시한다.

그런데 강 대표는 자신이 지시하거나 진행하는 사항에 대해서 누군가 이의를 제기하면 "그래요? 과연 누가 맞는지 볼래요?"라면서 다른 의견을 낸 임직원에 대해 다소 도발적인 반응을 보이곤 한다. 단순히 지나가는 이야기로 끝내는 것이 아니라 두고두고 그 내용을 기억했다가 한참의 시간이 흐른 후에 반드시 복기(復碁)까지 했다.

"최 이사님, 그때 제 의견에 대해서 다른 의견을 제기하신 거 기억하시죠? 그런데 지금 와서 보니 어떠세요? 제가 예측한 대로 됐죠? 어떻게 생각하세요, 이 상황을?"

물론 강 대표가 임직원들에게 악의를 갖고 이렇게 하는 것은 아니다. 자신이 더 정확한 처방을 내릴 수 있다는 것을 임직원들에게 분명하게 주지시키고, 자신을 잘 따라오라고 강조하려는 마음에서 일 것이다.

강 대표의 천재성은 언제나 빛을 발한다. 그러나 강 대표의 천재성이 빛을 발하는 만큼 임직원들은 자신의 의견을 제시하지 않으려는 습관이 몸에 배었다. 괜히 의견을 말했다가 CEO에게 찍히면 어쩌나 하는 두려움 때문에 "내가 회사 주인도 아닌데 군이……. 대표님이 시키는 대로만 하면 되지"라는 패배 의식에 사로잡히게 된 것이다. 모든 면에서 뛰어난 대표가 자신의 의견에 이견을 다는 사람이 있으면 이를 기억했다가 나중에 되새김질하며 확인 사살(?)까지 해대니 아무리 우수한 인재라 한들 배겨날 수가 있겠는가.

리더는 지휘자이지 독주자가 아니다

어느 회사를 막론하고 회사에 대한 지식과 애정이 CEO만큼 큰 사람이 있을까? 아마 없을 것이다. 뛰어난 참모들이 있다 하더라도 CEO 본인만큼 치열하게 고민했을 리가 없다. 나아가 CEO가 '능력'까지 출중하다면, 적어도 그 조직에선 CEO를 따라올 자가 없을 확률이 높다. 문제는 그다음이다.

열정과 애정, 실력까지 최고인 CEO가 자신의 재주를 펼치면서 신나게 원맨쇼를 할 것인가, 아니면 때로는 힘들더라도 조직원들의 능력을 끌어올리는 과정을 통해 여러 사람의 힘을 모으려 노력해야 하는가.

이에 대해 한비자는 〈양각〉편에서 "위에 있는 군주가 장기를 부리기 시작하면, 모든 일이 균형을 잃고 법도에 맞지 않게 된다"고 경고하며 다음과 같이 설명한다.

> 군주가 자기 자랑이 심하고 자신의 능력을 발휘하길 좋아하면 아랫사람에게 속임을 당하기 쉽다. 말재주가 좋고 영리하며 재능을 드러내기 좋아하면 아랫사람이 빌붙어 일을 꾸미려고 한다. 위에 있는 군주와 아래에 있는 신하가 서로 할 일을 바꾸면 그 때문에 나라는 잘 다스려지지 않는다.

리더는 조직원들의 역량을 잘 가늠하여 그 역량이 최대한 발휘될 수 있도록 더 많은 노력을 기울여야지, 자신의 재능을 찬란하게 밝히는 데 집중해서는 안 된다는 것이다. 그렇게 되면 아랫사람들이 자신의 의견을 말하지 않고 그저 시키는 대로만 일하면서 윗사람에게 빌붙거나 속임수를 쓰려고 해서 일을 해도 성과를 낼 수 없다.

한비자의 가르침을 풀이하면, CEO는 영화를 연출하는 감독이지 영화의 주인공이 아니다. 또한 오케스트라의 지휘자이지 화려한 독주자가 아니다. 특히 G테크의 강 대표처럼 유능하고 똑똑한 리더일수록 이를 명심해야 한다.

한비자는 또한 "군주는 모름지기 신하로 하여금 수고로움과 지혜를 최대한 펼쳐낼 수 있는 여건을 만들어야 한다"고 조언하면서 〈주도〉편에서 다음과 같이 군주의 도(道)를 설명한다.

> 현명한 군주는 지혜로운 자들로 하여금 생각을 자아내게 하고

그에 따라 일을 결정한다. 그러므로 군주는 지혜에 궁하지 않게 된다. 또 군주는 현명한 자들로 하여금 재능을 발휘하도록 하고 그에 따라 임용을 한다. 그러므로 군주는 재능에 궁하지 않게 된다. 신하가 일을 잘해 공을 세우면 군주의 공덕이 되고, 일을 못해 실패하면 신하가 자기 책임으로 벌을 받게 된다. 그러므로 군주의 명예는 좀처럼 손상될 까닭이 없다. 이렇게 함으로써 군주는 현명하지 않더라도 현명한 자들의 지도자가 될 수 있고, 지혜가 없더라도 지혜로운 자들의 통솔자가 될 수 있다. 신하는 힘써 일하고 군주는 그 성취를 취하는 것, 이것이 현명한 군주가 지켜야 할 규범이다.

한비자가 전제한 군주는 플라톤이 전제한 '철인(哲人)'이 아닌 '지극히 평범한 능력을 가진 사람'이다. 그가 살고 있던 춘추전국시대에는 단지 왕의 아들이라는 이유만으로 군주의 자리에 올라 막강한 권한을 행사하는 일이 비일비재했다. 한비자는 이 상황을 철저히 현실적으로 접근했다. 아무리 능력이 떨어지는 사람이라 하더라도 일단 군주의 지위에 오르면 자신에게 주어진 권한을 잘 행사하면서 선정(善政)을 베풀어야 하는데, 그렇게 하기 위해서 자신보다 뛰어난 사람들의 능력을 최대한 활용해야 한다고 주장한 것이다. 즉 한비자는 평범한 능력을 지닌 군주라 할지라도 신하들로 하여금 정책을 입안하게 하고 그 결과에 대해서 준엄한 책임을 묻는다면 능히 뛰어난 참모들을 통솔할 수 있다고 생각했다.

팀원일 때는 제법 일을 잘한다는 소리를 듣던 사람이 막상 팀장이 되면 통솔력을 제대로 발휘하지 못해 부정적인 평가를 받는 경우가 있다. 팀원일 때는 자신이 맡은 부분만 열심히 하면 되지만, 팀장이 되면 혼자만 잘해서는 안 되고 팀원들의 역량을 결집해서 더 많은 성과를 이끌어내야 한다. 팀장은 개인의 유능함보다 팀 전체의 역량과 성과로 평가를 받기 때문이다. 그런데 팀장이 되고 나서도 여전히 팀원일 때처럼 일하는 사람이 의외로 많다. 자신도 한 명의 팀원이 되어 잡다한 일들을 꼼꼼하게 챙기며 열심히 일하는 것이다. 하지만 팀장이 그렇게 일을 하면 그 팀은 조타수 없는 배가 되어 결국 난파하고 만다.

리더가 발의하고 리더가 결정한 다음 리더가 일을 주도적으로 추진한다면 그 일의 성패에 대한 모든 공과 책임은 리더에게 귀속될 수밖에 없다. 그렇게 되면 누군가에게 책임을 물기 어려운 구조가 되고, 팀원들의 능력도 최대치로 끌어낼 수 없다. 리더에게는 모든 일을 다 해내기보다 팀원들이 더 열심히 자신의 과업에 매진할 수 있도록 독려하고 그 과정에서 엄정한 상벌을 집행하는 능력이 더욱 우선시되어야 한다.

유방이 항우를 이기고 천하 통일을 이룰 수 있었던 이유

《한비자》에는 군주의 규범으로서 무위(無爲), 즉 '하지 않음'을 강조하는 내용이 반복해서 나온다. 이는 군주는 위에 있고 신하는 아래에 있음을 분명히 하면서, 아래에서 일을 하는 사람은 군주가 아니라 신하여야 한다는 점을 강조한 것이다.

자신이 나서지 않고 신하를 잘 통솔함으로써 일이 되게 하는 리더십의 대표 주자로, 초(楚)나라 항우(項羽)와의 대결에서 이기고 한(漢)나라를 세운 유방(劉邦)이 있다. 항우는 발군의 능력을 갖고 있었지만 부하의 의견에 귀를 기울이려 하지 않고 자신의 능력만 믿었기에 결국 자기보다 능력이 뒤떨어진 유방에게 패배하고 말았다. 다음은 《사기》〈고조본기高祖本紀〉의 한 대목이다.

한 고조 유방이 천하 통일 후 낙양의 남궁에서 크게 주연을 베풀면서 좌우의 군신들에게 물었다.

"이 자리에 모인 제후, 장군들은 어찌하여 내가 천하를 차지했으며, 또 어찌하여 항우가 천하를 잃었는가를 말해보라."

이에 왕릉(王陵)이 대답하기를 "폐하는 사람들을 깔보고 항우는 인자하여 사람들을 사랑했으나, 다만 폐하는 승리한 장군에게는 봉토를 주어 천하와 이익을 나누었습니다. 하지만 항우로 말하자면 현자를 꺼리고 능력자를 시기했으며, 공 있는 사람을 죽이고 현자를 의심하여 전쟁에 이기더라도 장군에게 시상하지 않았고, 토지를 얻어도 사람들에게 나누지 않았습니다. 항우가 천하를 잃은 이유는 바로 그것입니다"라고 했다.

그러자 한 고조 유방이 말했다.

"공(公)은 아직 하나를 알되 둘은 모른다. 본시 중앙에서 정략을 꾸미고 승리를 천 리 바깥에서 겨루는 전략을 짜는 데 있어서 나는 장량(張良)보다 못하다. 국가를 다스리고 국민을 살펴 전선에 양식을 공급하는 군수 조달에 있어 나는 소하(蕭何)에 미치지 못한다. 백만의 대군을 배치하여 싸우면 반드시 이기고, 공격하면 반드시 점령하는 군사 지휘 능력에 있어 나는 한신(韓信)에 미치지 못한다. 이 세 사람은 모두 뛰어난 인재들인데, 나는 그들을 잘 쓸 수 있었다. 내가 천하를 장악한 이유다. 한편 항우는 오직 한 사람뿐인 범증(范增)이라는 인재가 있었으나 그나마 활용하지 못했다. 그리하여 항우가 나에게 패하고 만 것이다."

유방은 자신이야말로 졸지장(卒之將), 졸병들의 장군이 아니라 장지장(將之將), 장군들의 장군으로서 처신했기에 대업을 이룰 수 있었다는 것을 잘 알고 있었다.

리더의 자만심은 조직을 망하게 한다

유능한 리더들이 흔히 빠지는 또 다른 함정은 자신의 능력을 지나치게 믿는 것이다. 어떤 조직이든 리더가 자신의 유능함을 믿고 우쭐한다는 것은 대단히 위험한 징조다.

병법서 《오자병법吳子兵法》의 〈도국圖國〉편에 소개된 이야기를 보자.

위나라의 무후(武侯)가 신하들과 더불어 작전 회의를 가졌는데 군신 중의 누구도 그를 따르지 못했다. 퇴출할 때 무후는 뿌듯함과 자신만만한 표정을 보였다.

106

그러자 참모인 오자(吳子)가 이렇게 조언했다.

"옛날에 초나라의 장왕(莊王)이 작전 회의를 열었는데 모두 왕에 미치지 못했습니다. 그러자 장왕은 회의를 끝내면서 수심에 잠겼습니다. 신공(申公)이 '왜 걱정하십니까?' 하고 물었습니다. 그러자 장왕은 대답했습니다. '어떤 시대건 성인이 있고 어떤 나라건 현자는 있기 마련이라고 한다. 성인을 스승으로 모시면 왕이 되고 현자를 벗으로 삼으면 패자(覇者)가 된다고 들었다. 그런데 지금 과인이 신통치 않은 처지인데도, 군신이 과인보다도 못하니 초나라는 위태롭지 않겠는가?' 초나라의 장왕은 그렇게 걱정했습니다. 그런데 주군께서는 오히려 그 점을 도리어 기뻐하고 계시니 근심하지 않을 수 없습니다."

위나라 무후는 자신이 신하들을 앞선 것을 기뻐했지만, 초나라 장왕은 군신들이 자신보다 못함을 걱정했다. 누가 더 위대한 군주이겠는가?

다행히 위나라 무후는 참모인 오자의 조언을 듣고 자신의 잘못을 깨우쳤다고 한다. 초나라 장왕이 걱정했듯이 리더가 홀로 앞서가는 조직은 곧 무너질 수밖에 없다. 리더는 자신이 가장 뛰어나다고 인식하는 순간 조직에 위기가 도래하고 있음을 절실히 깨달아야 한다.

마키아벨리는 《군주론》에서 다음과 같이 이야기했다.

어떤 군주가 얼마나 똑똑한지 알고 싶다면 먼저 그 군주의 측근을 보면 된다. 측근이 유능하고 성실하면 그 군주가 총명하다고 평가해도 틀림이 없다. 군주가 그들의 실력을 알아내는 사람이며 그들로 하여금 충성을 다하도록 유도하는 사람이기 때문이다. 그러나 만약 그 측근이 무능하다면 군주에 대해 좋은 평가를 할 수 없다. 그 군주는 인선(人選)에서 벌써 과오를 범했기 때문이다.

역사적으로 보면 현명하지 못한 군주의 경우는 현신(賢臣)을 시기하는 일이 잦았으며, 어쩌다가 주변에 남아 있던 충신들마저 끝내 희생시키고 말았다. 이러한 암흑시대에는 유능한 인재들이 탈주하거나 온몸으로 저항하는 것밖에는 선택할 수 있는 것들이 없었다. 통치자에 대한 평가의 기준은 우선 그가 발견하고 키워내거나, 가까이에 있는 인재들의 질과 양으로 설명된다. 결국 큰 인물만이 큰 인물을 등용하는 법이다.

앞에서도 언급했듯이 리더는 오케스트라의 지휘자로 연주자들의 조화를 끊임없이 고려해야 하는 사람이다. 자신의 유능함에 심취해 원맨쇼를 하려는 사람은 지휘자가 될 수 없다. 훌륭한 지휘자는 굳이 연주를 잘하지 않아도 괜찮다. 탁월한 연주자들을 발탁해서 그들이 연주를 잘할 수 있도록 여건을 만들어주고 이끌어주면 된다.

아무리 천재적인 역량을 지닌 리더도 조직을 혼자 운영할 수는 없는 법이다. 자신의 능력을 믿기보다 팀원들의 지혜를 믿어야 한

다. 세계적으로 존경받는 기업가이자 철강왕이라 불린 앤드류 카
네기(Andrew Carnegie)는 이 사실을 분명히 알고 있었던 것 같다.
자신의 묘비명에 이렇게 적은 것을 보면 말이다.

"여기 자신보다 나은 사람을 쓸 줄 알았던 사람 잠들다(Here
lies a man who knew how to enlist in his service better men than
himself)."

리더의 경청이 직원을 일하게 한다

신하의 말을 듣는 태도는 마치 술에 취한 듯해야 하니
입술이든 이든 먼저 움직이지 말아야 하며
이든 입술이든 바보처럼 입을 다물어야 한다.
저편에서 스스로 말해오면 나는 그것을 통하여 알게 되며,
사방팔방에서 의견들이 폭주하더라도 군주는 맞서 상대하지 않는다.
텅 비고 고요한 상태로 아무것도 하지 않는 것이 도의 성정이다.

《한비자》 제8편 〈양각揚搉〉

━━━━━━━━ B기공의 유 대표는 30대 후반의 2세 경영자임에도 불구하고 직원들을 대하는 모습을 보면 상당한 내공이 느껴진다. 유 대표는 여러 장점을 지니고 있는데, 그중에서도 직원과 대화를 할 때 직원들의 말을 거의 끊지 않는다는 점이 주목할 만하다.

나는 고문 변호사로 B기공을 방문하여 유 대표를 비롯한 여러 임직원들과 함께 회의를 진행하곤 하는데, 내가 듣기에 핵심을 벗어난 듯한 이야기에도 유 대표는 눈을 감고 고개를 끄덕이면서 경청하는 자세를 취한다.

언젠가 사석에서 유 대표는 자신의 그러한 태도에 대해 내게 이렇게 설명한 바 있다.

"돌아가신 아버지가 가장 강조하신 부분이 바로 임직원들의 말을 들을 때는 중요하게 받아들이는 듯 고개를 끄덕이며 경청하라는 것이었습니다. 사실 그들이 하는 말 중에는 별로 도움이 안 되는 이야기도 있습니다. 하지만 제가 진지한 자세를 취하면 임직원들이 신이 나서 자기 이야기를 하기 때문에 직원들의 생각을 정확히 알 수 있습니다. 그리고 나중에 그 임직원이 자기가 한 말에 책임을 지지 못하는 일이 생겼을 때 잘못을 스스로 깨닫게 할 수 있으니 교육의 효과도 있고요."

사실 많은 CEO들이 자기 말을 하는 데에 급급해서 다른 사람들의 이야기를 차분히 끝까지 듣지 않는 모습을 많이 본다. 보기 애처로울 정도로 '모노드라마'를 연기하는 CEO들도 있다. 하지만 자기 말만 하는 CEO는 직원들이 어떤 생각을 하는지 알 수 없고, 직원들 역시 점점 더 자신의 생각을 이야기하지 않게 된다.

리더는 왜 경청이 어려운가

한비자는 군주의 덕목으로 '마음을 비우고 고요해지는 것[虛靜]'과 '하지 않음[無爲]'을 강조한다. 군주는 원칙을 바로 세우고 조용히 기다림으로써 신하들로 하여금 스스로 힘써 일을 하게 해야 한다는 것이다. 그러기 위해서는 '경청'이 선행되어야 함을 강조하고 있다. 즉 군주는 신하의 말을 들을 때 입을 먼저 움직이지 말고 바보처럼 해야 한다고 조언한다. 신하들이 말을 하게 하고 군주는 그 말을 잘 경청해야 한다는 의미다.

한비자의 사상을 전제군주의 독재를 옹호하는 이데올로기로 잘못 이해하고 있는 사람이 있다면 이러한 조언이 선뜻 이해가 되지 않을 것이다. 사실 신하들의 이야기를 경청하라는 한비자의 주장에는 다음과 같은 깊은 뜻이 숨어 있다.

첫째, 신하의 이야기를 잘 들어야 신하의 속마음을 정확히 알 수 있다. 만약 군주가 신하의 이야기를 잘라버리고 자신의 이야기를 하기 시작하면 신하는 곧바로 군주의 의도가 어떤 것인지를 간파하기 때문에 그 이후에는 군주의 뜻대로 발언하게 된다. 그렇게 되면 군주는 신하의 진심을 알 수 없을 뿐만 아니라 신하의 지혜를 활용할 수도 없게 된다.

둘째, 군주는 신하의 이야기를 충분히 들어야 그의 뜻을 물어 정책을 시행하도록 할 수 있다. 만약 정책의 결과가 신하가 보고한 대로 되지 않았다면 그에 대한 책임을 물을 수 있으며, 책임까지 묻지 않더라도 교육의 결과를 달성할 수 있다. 그런데 신하의 이야기를 중간에 잘라버리고 군주가 자신의 뜻을 밀어붙여 정책이 입안되었다면, 그 정책은 군주가 만든 정책이므로 신하의 책임감은 줄어들고 책임정치가 구현되지 않는다.

결국 한비자가 군주에게 신하의 말을 경청하라고 한 것은 그렇게 해야 신하의 지혜를 활용할 수 있고, 또한 신하로 하여금 책임지는 자세로 일할 수 있도록 할 수 있기 때문이다.

그런데 오늘날 현실에서는 지위가 높고 권한이 많은 사람 중에서 경청하는 자세를 갖춘 이를 찾기가 쉽지 않다. 어떤 사람은 비즈니스 현장이 얼마나 바쁘게 돌아가는지 알면 그렇게 차분히 앉아 경청해야 한다는 말은 하지 못할 것이라고 말한다.

간혹 사업가가 투자가들로부터 투자를 받기 위해 '엘리베이터 스피치'를 한다는 이야기를 들은 적이 있다. 엘리베이터를 타고 목적한 층까지 올라가는 짧은 시간 동안 사업가가 자신의 사업 내용을 설명해서 투자가를 설득하는 것을 엘리베이터 스피치라고 부른다고 한다. 어떤 메시지를 전달하거나 설득하려고 할 때 짧은 시간 안에 핵심을 효과적으로 전달하는 것이 중요하다는 것은 알지만, 한편으론 엘리베이터 스피치를 해야 하는 사람은 얼마나 부담스럽고 호흡이 가빠질까 하는 생각도 든다.

그런데 CEO가 자신도 모르게 임직원들에게 엘리베이터 스피치를 요구하는 상황을 자주 목격한다. 평소에는 성격이 느긋하던 CEO들도 보고를 받을 때는 왜 그토록 성급해지는지 모를 일이다.

보통 CEO들은 다음과 같은 질문들로 직원의 말문을 막아버리곤 한다.

"그래서 결론은?"

"요지는 뭐지?"

"됐고, 말하려는 핵심이 뭔가?"

CEO들은 왜 이런 반응을 보일까? 아마도 CEO들이 하고 싶은 이야기는 이런 것이 아닐까.

"나는 이 문제 말고도 결정해야 할 일이 산적해 있는 사람이다. 그러니 내 시간을 더 이상 낭비하게 하지 말고 좀 더 요령껏 이야기하라."

"이 문제에 대해서는 내가 가장 많이 알고 있다. 따라서 당신의 이야기를 듣는 것보다 내가 지시하는 사항을 당신이 듣는 것이 훨씬 더 효율적이다."

리더의 자리에 있는 사람들은 바쁘게 마련이다. 언제나 해결하고 결정해야 할 사안들이 산더미처럼 밀려든다. 그러다 보니 일의 효율을 우선으로 생각하게 되고, 자신이 이미 알고 있는 답을 알려주고 일을 지시하는 것이 효율적이라고 생각하기 십상이다. 그래서인지 높은 자리에 있는 리더일수록 차분하게 경청하는 자세를 갖춘 이를 찾아보기가 어렵다.

공감적 경청을 방해하는 네 가지 요소

경청의 중요성은 고대의 현자뿐만 아니라 현대 경영 이론의 대가들도 언제나 강조하는 부분이다. 미국의 전설적인 리더십 전문가였던 스티븐 코비(Stephen Covey)는 《성공하는 사람들의 7가지 습관The 7 Habits of Highly Effective People》에서 경청에서도 가장 중요한 것은 상대방과 공감하는 '공감적 경청'이라고 했다. 공감적 경청이란 '나의 사고 틀' 속에서 다른 사람의 이야기를 듣는 것이 아니라 '상대방이 가진 준거의 틀' 내면으로 들어가는 것을 의미한다. 그는 잘못된 커뮤니케이션을 분석한 결과 공감적 경청을 방해하는 네 가지 요인을 발견했는데, 바로 판단·탐사·충고·해석이다. 좀 더 자세히 살펴보자.

첫째, 판단하며 듣는 습관이 공감적 경청을 방해한다. 다른 사람의 이야기를 들을 때 내가 그 의견에 동의하느냐 또는 동의하지 않느냐를 먼저 판단하는 습관을 말한다. 다른 사람의 이야기를 들으면서 곧바로 "그건 아니지" 하면서 대화를 끊는 경우다.

둘째, 탐사하며 듣는 오류다. 상대에게 질문을 하되 나 자신의 준거 틀에 입각하여 질문하는 것을 의미한다. "당신은 거래처에 갔다고 하는데, 간 거 맞아?"라는 식으로 질문하는 경우다.

셋째, 충고하며 듣는 오류다. 타인의 이야기를 들으면서 자신의 경험에 따라 충고하는 것을 의미한다. 타인은 진지하게 자신의 고민을 토로하고 있는데 "사회란 다 그런 거야"라는 식으로 답변하는 경우다.

넷째, 해석하며 듣는 오류다. 자기 자신의 동기와 행동에 근거하여 사람들의 동기와 행동을 유추하고 설명하는 것을 의미한다. "노는 것 좋아하더니 실적이 그 모양이지"라는 식으로 대꾸하는 경우다.

아이러니한 점은 똑똑하고 유능한 리더들이 이러한 오류에 자주 빠진다는 것이다. 그들은 확고한 자신만의 사고 틀을 가지고 있을 가능성이 높고, 그것이 유능함으로 발현되는 경우가 많기 때문이다. 하지만 자신만의 사고 틀은 경청을 방해하는 가장 큰 걸림돌이다. 한비자가 신하들의 말을 들을 때 '술에 취한 듯' 들으라고 한 것도 바로 자신만의 사고 틀을 내려놓고 들으라는 의미로 해석할수 있다.

중국에 진출한 국내 대기업을 대상으로 컨설팅을 제공하는 조 사장이 들려준 이야기다. 그는 중국에 진출한 대기업의 현지 임직원들을 접하면서 각 기업의 커뮤니케이션 태도에 있어서 커다란 차이를 느낀 적이 있다고 말했다.

몇몇 기업의 임직원들은 조 사장이 컨설팅과 관련한 보고를 시작하면 중간에 말을 끊고 자기들이 알고 있는 내용을 열심히 말한다고 한다.

"돈을 주고 컨설팅을 맡겼으면 충분히 이야기를 들어야 본전을 뽑을 거 아니겠습니까? 그런데 그 자리에서도 자기 자랑하느라 정신없는 사람들이 있더군요."

그런 식으로 논의를 진행하다가 결국 시간은 시간대로 쓰고 보고를 충분히 하지 못한 경우가 많았다는 것이 조 사장의 설명이다. 그런데 S그룹의 임직원들은 좀 다르다고 한다.

"컨설턴트인 제가 보고를 할 때 그들은 하나같이 '꿀 먹은 벙어리'처럼 가만히 듣고만 있습니다. 그래서 속으로 '이 친구들이 이 분야는 정말 잘 모르나'라고 생각할 즈음에 아주 신중하게 질문들을 하는데 그 깊이가 정말 대단합니다. 그들은 제 보고 내용을 충분히 이해하고 있었기 때문에 그렇게 깊은 수준의 질문을 던질 수 있었던 겁니다. 그리고 그들은 그렇게 질문을 던지고는 다시 경청 모드로 들어갑니다."

조 사장은 S그룹의 경청 태도가 남다르기 때문에 다른 기업을 컨설팅할 때보다 두 배는 더 긴장하게 된다고 말했다. 이 사례는 내가 아니라 상대의 준거 틀을 확인하면서 경청할 때 얻을 수 있는 이점이 무엇인지를 명확히 보여준다.

리더의 역량은 경청에서 시작된다

경청이 중요한 또 한 가지 이유는 바로 경청이 피드백과 연결되기 때문이다. 앞에서도 이야기했다시피 리더의 중요한 역할 중 하나는 '피드백을 잘하는 것'이다. 피드백을 잘하려면 직원의 진짜 속마음이 무엇인지 정확히 파악할 필요가 있다. 그러나 상대의 이야기를 귀 기울여 듣지 않으면 속마음을 정확히 파악할 수 없다. 결국 경청은 리더의 핵심 역량일 뿐만 아니라 다른 역량을 뒷받침해주는 출발점이기도 하다.

자연의 이치에 따르면 '비어 있어야 채울 수 있는 법'이다. 하지만 CEO를 비롯한 리더들 가운데에는 너무 꽉 차 있는 사람들이 많다. 무언가 새로운 것이 비집고 들어갈 틈이 전혀 없을 정도로 꽉 차버린 사람들 말이다. 이런 상태에서는 경청이 어려울 수밖에 없다. 참다운 경청은 우선 나 자신은 뒤에 물러나 있는 상태에서 상대방의 지혜를 받아들이겠다는 마음이 있어야만 가능하다.

스스로 한번 질문을 던져보자.

"나는 직원들의 이야기를 중간에 자르지 않고 끝까지 경청해본 경험이 얼마나 되는가?"

이 질문에 긍정적인 대답을 할 수 없다면 당신은 '경청 지수'를 한 단계 더 업그레이드해야 할지도 모른다.

주변 평판만으로
사람을 판단해서는 안 되는 이유

만일 세간의 칭찬만을 기준으로 능력이 있다고 평가한다면
신하는 대의를 저버리고 자기들끼리 단합할 것이다.
또 패거리의 말만 믿고 관리를 등용한다면
사람들은 사사로운 교제에만 힘을 기울이고
법에 따라 등용되기를 원하지 않을 것이다.

《한비자》 제6편 〈유도有度〉

━━━━━━━━ 김 이사는 26년간 몸담았던 회사가 관계사의 부도로 기울자 자리를 정리했다. 은퇴를 생각할 때는 아니라는 판단에 평소 잘 알고 지내던 내게 일자리를 부탁했다. 나는 김 이사의 요청을 듣고 망설임 없이 W사를 추천했다. W사의 박 사장으로부터 경험이 풍부한 총무이사를 구한다는 말을 들은 것이 떠올랐기 때문이다. 김 이사는 박 사장과 두 차례 면담을 했고, 흔쾌히 채용했다. 김 이사는 적지 않은 나이의 자신을 받아준 박 사장에게 큰 고마움을 느꼈고, 최선을 다해 일하리라 마음먹었다.

부동산개발업체인 W사의 임원진은 박 사장의 후배와 지인들이 주축을 이루었다. 사석에서 임원들은 박 사장을 '형님'이라 불렀으며, 박 사장 역시 임원들에게 스스럼없이 반말을 했다. 오랫동안 관료적인 회사에 몸담았던 김 이사는 서로를 격식 없이 대하는 W사의 분위기가 많이 어색했지만, 한편으로는 이제 새로운 회사에 들어왔으니 새로운 문화에 빨리 적응해야겠다고 다짐했다.

그런데 적응을 한 뒤에도 W사 임원들이 업무를 처리하는 방식을 도저히 이해할 수 없었다. 한시가 급한 업무임에도 여유를 부리는가 하면, 신중하게 처리해야 할 사안은 대충 결정하고 박 사장에겐 중요한 사항을 빼버리고 보고하는 일이 비일비재했다. 김 이사는 그간의 경험을 통해 그렇게 얼렁뚱땅 넘어간 일은 언제든 크게 문제가 될 수 있다는 점을 알고 있었기에 마음이 영 찜찜했다.

김 이사는 자신이 느끼고 있는 이런 문제점들을 박 사장에게 알리는 것이 좋을지 계속 고민했다. 임원들이 일하는 게 형편없다고 말하자니 박 사장에게 괜히 고자질하는 것 같고, 그렇다고 나 몰라라 하자니 회사의 미래가 불을 보듯 뻔했다. 김 이사는 고심을 거듭하다가 박 사장이 자신을 임원으로 받아준 데에 대한 보답이라 생각하고 독대를 요청해 자신의 생각을 솔직히 말했다. 그런데 박 사장의 반응이 의외였다.

"회사에서는 인화와 단결이 무엇보다 중요합니다. 새롭게 합류한 김 이사가 뾰족한 목소리를 내게 되면 다른 임원들과의 사이가 멀어질 수 있습니다. 우선 다른 사람들과 잘 어울릴 수 있도록 신경 쓰시기 바랍니다."

김 이사는 박 사장에 대한 충정에서 어려운 조언을 한 것인데 전혀 받아들여지지 않았을뿐더러 오히려 조직의 단합을 저해하는 사람으로 비쳤다는 점에서 속이 쓰렸다. 게다가 박 사장이 단결을 강조할수록 조직은 더 폐쇄적으로 바뀔 가능성이 컸다. 임원들이 박 사장 앞에서 서로에 대해 칭찬을 늘어놓는 것도 한 발짝 떨어져서 보면 각자 밥그릇을 챙겨주는 것에 불과했다.

김 이사는 그 이후에도 두어 차례 박 사장에게 조언을 했지만 소용이 없었다. 대신 기존 조직원들이 김 이사의 행동을 눈치채고 차가운 시선을 보내기 시작했다. 실지어 김 이사가 하지도 않은 일이 교묘하게 왜곡되어 박 사장의 귀에 들어가 김 이사가 질책을 듣는 일까지 발생했다.

결국 김 이사는 사표를 냈다. 임원들의 공고한 연대가 자신에게는 넘지 못할 벽처럼 느껴졌다. 회사에 기여할 수 있는 부분도 찾기 어려웠다. 적지 않은 나이에 들어간 회사라 버텨보려 했지만 눈총에 무력감까지 더해지면서 자리를 정리했다.

1년 뒤, W사는 모 상호저축은행으로부터 받은 부정 대출이 드러나 대출금을 일시에 회수당했다. 대출금 긴급회수조치가 시작된 지 불과 석 달 만에 W사의 업무는 중단되었다. 미봉책으로 남겨둔 사안들이 연이어 터지면서 회사의 재건을 가로막았다. 박 사장과 임원들은 연대보증 때문에 신용불량자로 전락했고 몇몇은 '특정경제범죄 가중처벌 등에 관한 법률' 위반으로 기소되어 실형을 선고받았다.

리더의 눈과 귀를 닫게 하는 교묘한 패거리 문화

회사는 사적인 친교를 목적으로 하는 친목 단체나 동아리가 아니다. 그런 점에서 박 사장이 강조한 단결과 융합이 기업의 건강을 해치면서까지 추구할 가치인가 하는 의심이 든다.

CEO는 인재를 등용하거나 평가할 때에 객관적인 기준을 정하기 위해 노력한다. 그중 하나로 '주위의 평판'을 무시할 수는 없다. 다만 주위의 평판을 참고할 때는 이해관계를 같이 하는 사람들끼리 평가의 허점을 교묘히 이용할 수 있다는 점을 경계해야 한다. CEO

의 영향력 밖에서 패거리를 형성하고 있는 사람들이 자기들끼리 평판을 조작할 수 있는 위험은 어디에나 도사리고 있다.

어떤 조직에서든 '회사에 대한 기여'와 '동료들 간의 평가'가 언제나 일치하지는 않는다는 점은 익히 알고 있을 것이다. 조직 구성원들이 사사로운 공동의 이익을 위해 교묘한 카르텔을 형성하는 순간 리더의 눈과 귀는 닫혀버릴 위험이 있다.

한비자는 〈유도〉편에서 신하들이 패거리를 지으면서 국정을 농단하거나 군주를 미혹하게 하는 일들을 경계하라고 주문한다.

만일 세간의 칭찬만을 기준으로 능력이 있다고 평가한다면 신하는 대의를 저버리고 자기들끼리 단합할 것이다. 또 패거리의 말만 믿고 관리를 등용한다면 사람들은 사사로운 교제에만 힘을 기울이고 법에 따라 등용되기를 원하지 않을 것이다. 그래서 관리들 중에 능력 있는 자가 없게 되면 나라는 어지러워질 것이다.

칭찬받는다 하여 상을 주고 비방당한다 하여 벌을 준다면 상을 좋아하고 벌을 싫어하는 사람들은 공도(公道)를 버리고 사리(私利) 쪽으로 수작을 부려 작당해서 서로 감싸줄 것이다. (중략)

그러므로 충신은 죄 없이도 위태롭게 되고 죽임을 당하며, 간사한 신하는 공이 없는데도 편히 즐기고 이득을 보게 된다. 충신이 위태롭게 되고 죽임을 당하면서도 그것이 죄 때문이 아니라고 한다면 유능한 신하들은 몸을 숨길 것이다. 또한 간사한 신하가 편히 즐기고 이득을 보면서도 그것이 공적 때문이 아니라면 간악한 신하가 횡행할 것이다. 이것이야말로 멸망하게 되는 근본이다.

이러한 한비자의 가르침을 기업 경영에 적용해보자.

리더가 주위 칭찬만 듣고 누군가를 추켜세운다면 조직원들은 패거리를 형성해 그 안에서 서로를 칭찬해주는 분위기를 만든다. 일종의 '칭찬 품앗이'를 하는 것이다. 이들은 리더나 조직의 이익을 위해서가 아니라 패거리의 공동 이익을 위해서만 힘을 쓰게 된다. 이러한 현상이 나타났을 때 리더가 나서서 바로잡지 않고 방조한다면 조직원들은 서로를 추어주는 데만 더욱 열을 올릴 것이다.

더 나아가 어떤 패거리가 리더에게 잘 보이는 '소기의 목적'을 달성하고 나면 다른 사람들도 앞다투어 패거리를 만들기 위해 혈안이 되는 건 당연지사다. 문제는 인재들의 자리를 사리만 추구하는 패거리가 대신한다는 데 있다. 유능한 인재가 적소에 쓰이지 못하는데 누가 남아 있겠는가. 패거리만 들어찬 회사가 망하는 것은 시간 문제다.

은밀하되 강력한 통치술을 펼쳐라

여기서 한비자가 말한 술(術), 즉 군주의 통치술에 대한 개념을 다시 한번 짚어보자. 신하를 잘 통제하기 위한 '술'은 외부로 드러나서는 안 되며, 군주의 내면에 감추어져 신하들은 그 존재를 쉽사리 파악할 수 없어야 한다. 그래야 군주가 술을 은밀히 운용하여 신하를 강하게 통제할 수 있고, 간사한 신하들에게 미혹당하지 않고 나라를 올바로 이끌어갈 수 있기 때문이다.

박 사장은 측근들을 제대로 장악하고 관리하는 데 필요한 '술'을 갖지 못했다. 도리어 핵심 측근들이 자신들에게 위협이 될 만한 김 이사를 '왕따시키는 술'을 행한 셈이다.

박 사장은 김 이사를 활용해서 조직 관리를 위한 '술'을 펼칠 수도 있지 않았을까? 박 사장은 W사 임원들이 서로 친밀한 관계임을 잘 알고 있었을 테니 새롭게 조직에 들어온 김 이사의 존재를 적극 활용하는 전략을 펴는 것도 큰 도움이 되었을 것이다. 이미 조직이 균일화된 상태라면 이질적인 구성원이 합류했을 때 리더가 그에게 어느 정도 힘을 실어주면서 기존 조직원들을 긴장하게 할 수도 있다. 어차피 '세력'이라는 면만을 따져보면 김 이사 혼자서는 기존 조직원들을 따라잡을 수 없다. 따라서 박 사장은 은근히 김 이사에게 힘을 실어주면서 기존 조직의 문제점들을 개선하는 것도 가능하다. 고인 물은 썩게 마련이니 말이다.

즉 박 사장은 김 이사를 영입할 때 그를 어떻게 활용할 것인지에 대한 전략을 세웠어야 한다. 더욱이 김 이사가 박 사장에게 독대를 청하면서까지 기존 조직의 문제를 제기할 정도로 충정과 패기를 가진 사람이라는 점을 확인했다면, 조직을 개선시키기 위해 김 이사를 충분히 활용해볼 수 있음을 눈치챘어야 한다.

아무리 기존 인력들이 뭉쳐 있다 하더라도 CEO가 자신의 심중을 드러내면서 누군가를 지지하면 힘의 균형은 급속도로 무너질 수 있다. 그럼에도 박 사장이 이런 '술'을 쓰지 않은 것은 아마도 처음부터 조직 내부의 문제점을 제대로 파악하지 못했기 때문일 것이다.

역으로 임원들은 김 이사의 움직임에 예민하게 반응했다. 이대로 가다가는 자신들이 위험해질 것이라는 판단하에 김 이사를 견제하기 위한 술을 감행한 것이다. '술'은 본디 군주가 신하에게 행하는 것이지만, 영악한 간신도 사리사욕을 채우기 위해 이용할 수 있다. 이른바 '술의 역전'이다. 간신의 입장에서는 능력에 관계 없이 좋은 대접을 받는 것이 자신의 '정의'다. 군주를 교묘하게 꾀면 노력 없이도 대접받을 수 있는데 힘들여 역량을 키울 필요가 없지 않겠는가.

한비자는 군주의 '술'과 신하의 '술'은 대립한다고 본다. 군주가 경계와 긴장을 늦추는 순간 신하가 쳐놓은 '술'에 포박당할 수 있다. 한비자가 군주에게 주의하라고 강조한 대상이 바로 측근 공신들임을 기억하라. 그들은 군주의 눈과 귀를 열게 할 수 있고, 눈과 귀를 멀게 할 수도 있다.

리더는 조직 내 누군가가 다른 조직원을 칭찬하거나 비난할 때 그 행간에 감춰진 진의를 파악할 수 있어야 한다. 만일 교묘한 말로 마음을 어지럽히는 사람이 있다면 반드시 경계해야 한다. 그들은 노력 없이 대가만 바라는 사람일 가능성이 높다. 또한 스스로 직언을 잘 듣고 있는지 되돌아볼 필요가 있다. 직언을 들을 줄 알고 사사로운 칭찬을 절제할 수 있다면 리더의 곁에는 간신과 같은 직원들이 남아 있지 않을 것이다.

상대의 입장이 아닌 '심의'를 파악하라

무릇 다른 사람을 설득하는 것의 어려움은
설득하고자 하는 상대의 마음을 헤아려
내가 말하려는 것을 그에게 맞추어야 한다는 것에 있다.

《한비자》제12편 〈세난說難〉

━━━━━━━ 국회의원 선거에서 낙선한 K가 한 공기업의 수장 (首長)으로 임명되었다. 정권의 실세이기도 한 그는 이 공기업에서 잠시 쉬어가면서 다음 선거에 재출마하거나 중앙정부기관으로 다시 천거될 것을 기대하고 있었다.

해당 공기업의 입장에서는 정권의 실세가 수장으로 취임한 것이 그리 나쁘지만은 않았다. 비록 해당 분야의 전문성은 떨어진다 하더라도 막강한 파워를 갖춘 사람이 수장으로 왔기에 중앙정부의 입김을 막으면서 독자적인 행보를 할 수 있는 기틀을 갖출 수 있을 거라 기대했기 때문이다.

그런데 문제는 K의 과도한 승부욕이었다. K는 취임하자마자 다양한 사업, 그것도 해외에서 진행하는 사업을 구상하기 시작했다. 그가 추진하려고 하는 대부분의 해외 사업은 그동안 내부에서 여러 차례 논의된 끝에 상당한 비용이 소요될 뿐만 아니라 사업 성공 가능성도 낮다고 판단해 진행을 보류했던 건들이었다. 하지만 K는 자신의 임기 내에 무언가 가시적인 성과를 내는 것이 필요하다고 판단했기에 무리하게 사업을 추진했고, 공기업 내부 참모진은 이러지도 저러지도 못하고 전전긍긍하는 상황이 되었다.

이 공기업의 Y본부장은 해외 사업 추진과 관련해 법률 상담을 하기 위해 내가 있는 로펌을 찾았다. 그는 본격적인 상담에 앞서 고민부터 털어놓았다.

"윗선에서 계약을 추진하라고 해서 준비는 하고 있지만, 사실 이 계약은 확실히 리스크가 큰 사안이라는 것이 저희 참모진의 판단입니다. 하지만 어느 누구도 감히 그분에게 솔직한 의견을 말하지 못하고 있습니다. 현재 사내 분위기가 그런 부정적인 의견을 말할 수 있는 상황이 아닙니다."

내 판단에도 Y본부장이 들고온 계약 건은 겉으로 봐서는 전망이 좋아 보이는 측면이 있지만 실제 파고들어가 보면 상당한 리스크를 안고 있었다. 따라서 계약서 검토보다 더 중요한 일은 지금이라도 진행을 멈추도록 수장을 설득하는 것이었다. 문제는 그 수장이 "이 사업 추진에 대해 부정적인 이야기는 하지도 말라!"라고 강하게 천명한 마당에 어떻게 설득을 하느냐 하는 점이었다.

설득은 상대방이 원하는 것을 주는 것이다

한비자가 살았던 전국시대 말엽에는 뛰어난 유세가들이 웅대한 뜻을 펼치기 위해 여러 나라를 돌아다니면서 왕들에게 자신의 구상과 비전을 제시했다. 하지만 그런 시도를 한 유세가들 중에서 실제 왕들로부터 채택을 받은 유세가는 극히 일부에 불과했다. 환영을 받기는커녕 오히려 배척되고 심지어는 죽임을 당하기까지 했다.

이런 과정을 지켜본 한비자는 안타까운 마음을 〈세난〉편에 담았다. 한비자는 "지식이 풍부하고, 화술도 충분하며, 나아가 용기까지 있다면 당연히 설득할 수 있다고 생각하지만, 이는 지극히 순진한 생각이다"라고 일갈한다. 설득이 이뤄지기 위해서는 그 사람의 마음, 즉 원하는 바를 잘 살펴서 그것에 집중해야 한다는 것이 한비자의 주장이다. 다음은 이에 대해 구체적으로 설명한 〈세난〉편의 한 대목이다.

> 설득하려는 상대가 높은 명예를 원하는 사람인데 이익을 많이 얻을 수 있다고 설득한다면 비천하다고 여겨져 홀대받으면서 멀리 내쳐질 것이다. 설득하려는 상대가 이익을 중요하게 생각하는 사람인데, 명예가 높아진다는 점으로 설득한다면 생각이 없고 현실에 어두운 자라고 보고 절대 받아들이지 않을 것이다. 설득하려는 상대가 속으로는 이익을 좇지만 겉으로는 높은 명예를 따르는 척하는데 (이것을 모르고) 명예가 높아질 거라고 유세한다면 겉으로는 받아들일지 모르나 마음으로는 항상 멀리할 것이다.

즉 상대방에게 무언가를 줄 수 있어야 설득이 되는 것인데, 이때 상대방이 원하는 것이 아닌 다른 것을 주는 것은 오히려 부작용을 초래할 수 있다는 것이다. 결국 설득의 관건은 상대방이 무엇을 원하는지 정확하게 아는 데에 있고, 여기에 맞추어 논리를 펴야만 설득이 된다.

설득을 포괄하는 개념으로 현대 경영 이론에서 중요하게 다루는 개념 중 하나가 '협상'이다. 이른바 '협상론'은 1970년대 하버드대학교에서 하나의 커리큘럼으로 정립되었다. '하버드 협상론'에서 가장 중요하게 다루고 있는 테마 중의 하나가 바로 '입장(Position)'과 '욕구(Interest)'를 구분하라는 것이다. 입장은 그 사람의 명시적인(눈에 보이는) 입장을 말하고, 욕구는 눈에 보이지 않는 욕망을 의미한다.

예를 들어보자. 어느 손님이 편의점에 들어와서 "콜라 한 병 주세요"라고 말했다. 그런데 마침 이 편의점에 콜라가 다 팔리고 없다. 그렇다면 어떻게 해야 할까? '콜라를 달라'는 것은 그 손님의 명시적인 입장이다. 하지만 그 손님의 마음속 욕구도 그와 같을까? 혹시 마음속 욕구는 '목이 마르니 갈증을 해소할 수 있는 음료가 필요하다'가 아닐까? 만약 편의점 주인이 손님의 마음속 욕구까지 생각할 수 있다면, 콜라를 대신할 수 있는 다른 음료를 권할 것이다. 그래서 하버드 협상론에서는 "상대방의 입장에 매몰되지 말고 그의 욕구가 무엇인지를 잘 파악하라. 그것이 협상의 첫걸음이다"라고 강조한다.

그런데 이미 2,200여 년 전, 이러한 하버드 협상론이 나오기 전에 한비자는 순진한 유세가들에게 "상대방을 설득하려면 그 사람의 심의(心意), 즉 진정한 욕구를 파악하라"라는 준엄한 가르침을 주고 있으니 참으로 대단한 일이다.

이번에는 역사의 한 대목을 살펴보자.

1388년 이성계(李成桂)가 위화도 회군을 한 이후, 그는 새 나라를 세워야 할지 심각한 고민을 하고 있었다. 이 과정에서 이성계를 가장 고민에 빠뜨린 일은 바로 '고려의 충신 정몽주(鄭夢周)를 어떻게 해야 할 것인가'였다. 이성계의 입장에서 정몽주는 제거하기엔 아깝고 그냥 두기엔 위험한 인물이었다. 아버지의 고민을 지켜보던 아들 이방원(李芳遠)은 정몽주를 설득해보겠다고 나섰다. 이성계는 반신반의하면서 중대사를 이방원에게 맡겼다.

이방원은 정몽주를 설득하기 위해 먼저 시조 한 수를 보낸다. 그것이 바로 〈하여가〉로 일종의 최후통첩이었다.

이런들 어떠하며 저런들 어떠하리.

만수산 드렁칡이 얽혀진들 어떠하리.

우리도 이같이 얽혀서

백 년까지 누리리라.

이방원은 자신의 호탕한 기상을 정몽주에게 과시했지만, 이 시에는 평생 신념을 지키며 살아온 정몽주에 대한 배려가 없을 뿐 아니라 새로운 나라의 창건을 합리화할 대의명분은 결코 보이지 않는다. 그냥 '좋은 게 좋은 것이 아니냐'라는 투의 접근은 정몽주가 보기에는 '천박한 의식'에 다름 아니었을 것이다. 권력이나 재물도 이미 누릴 만큼 누린 사람에게 시정잡배 다루듯이 접근했으니 어찌 설득이 되겠는가.

만일 이방원이 정몽주의 심의를 잘 파악하여 그를 존중하는 한편 대의명분을 강조하는 시를 썼다면 역사는 어떻게 되었을까? 아마도 이방원과 정몽주와의 관계는 달리 진행되었을 것이고, 훗날 이방원이 아버지와 반목하는 불화도 일어나지 않았을지 모른다.

이 이야기를 보면서 나는 "설득하려는 상대가 높은 명예를 원하는 사람인데 이익을 많이 얻을 수 있다는 점으로 설득한다면 비천하다고 여겨져 홀대받으면서 반드시 멀리 내쳐질 것이다"라는 〈세난〉의 한 구절을 떠올렸다.

설득의 열쇠는 상대방의 속마음에 감춰져 있다

리더는 경영 현장에서 수많은 협상과 설득의 상황을 맞게 된다. 그런데 여기서 간과하지 말아야 할 것은 바로 협상과 설득은 '상대가 있는 행위'이며 상대방은 자신이 가장 중요하게 생각하는 가치에 따라 움직일 수밖에 없다는 것이다. 따라서 협상이나 설득을 펼치려는 사람은 상대방이 중요하게 생각하는 가치를 충분히 파악하고, 그 지점에서부터 출발해야 한다.

어쩌면 이 조언이 무척이나 당연한 말을 늘어놓는 것처럼 느껴지는 사람도 있을 것이다. 그런데 실제 비즈니스 현장에서는 협상이나 설득을 한다고 하면서 자기 하고 싶은 말만 계속해서 늘어놓는 리더들을 심심찮게 볼 수 있다. 특히 설득의 대상이 부하 직원일 때는 지금 자신이 하는 말이 설득인지 강요인지 구분이 되지 않을 때도 많다. 설득의 원리는 위에서 아래로 이루어질 때에도 똑같이 적용된다. 부하 직원을 설득하고자 한다면 그 직원이 어떤 상황에 있는지, 어떤 심리 상태에 있는지부터 파악하고, 어떤 애로 사항이나 간절히 바라는 목표가 있는지 먼저 살펴서 헤아려야 한다. 상대방의 심의를 예리하게 파악하는 사람들은 협상이나 설득에서 성공 확률을 크게 높일 수 있다.

앞에서 언급한 공기업 사례의 결말은 이렇다.

나는 Y본부장의 설명을 들으며 한비자의 가르침을 떠올렸다. 그리고 K를 설득하기 위해서 그 심의를 최대한 신중하게 분석해보았다.

우선 K는 자신이 공기업 수장으로 있을 동안 화려한 실적을 올린 다음 그것을 근거로 정치계에 다시 입문하고 싶은 욕구가 있음을 추측할 수 있었다. 바로 그 욕구에 매몰되었기에 무리해서라도 가시적인 성과가 필요했던 것이다. 그렇다면 이러한 무모한 추진이 자신의 욕구 실현에 오히려 방해가 될 수 있음을 지적한다면 설득이 될 수도 있겠다는 생각이 들었다.

그래서 나는 본부장에게 다음과 같은 내용의 법률의견서를 하나 써주겠다고 제안했다.

현재 추진하려고 하는 사업은 관련 법상 상당한 리스크가 존재함. 그럼에도 무리하게 이 사업을 진행했을 경우에는 당시 결재 라인에 있는 모든 관련자들이 감사원의 감사를 받을 수 있고 더 나아가 형법상 업무상배임죄의 책임을 질 수도 있음. 이처럼 형사책임을 지게 될 경우 발생하는 부수적인 효력은 ○가지가 있으며, 그중에는 '각종 선거에 출마하지 못하는 공무담임권의 제한'도 있음.

앞으로 정치권에 다시 돌아가고 싶은 욕구가 강한 사람에게 "당신이 현재 추진하려는 사업이 만약 잘못될 경우 당신은 형사적인 책임을 질 수도 있고, 이로 인해 출마를 못하게 될 수도 있다"는 점을 넌지시 알려주려 한 것이었다.

이 의견서를 받은 K는 어떻게 했을까?

부하 직원들이 다양한 논리를 제시하면서 사업 진행을 만류해도 꿈쩍하지 않았던 그는 나의 의견서를 받아보고 곧바로 사업 진행을 접었다. 해당 공기업으로서는 엉뚱한 비용 지출을 막은 결과가 된 셈이었다. 결국 한비자의 가르침대로 상대가 가장 간절히 원하는 것을 파악해서 그 욕구에 집중했기에 설득이 가능했던 것이리라.

검도 수련을 할 때 수련생들에게 강조하는 가르침이 있다.

"견(見)하지 말고 관(觀)하라."

서로 칼을 겨누고 있는 상황에서 각 대련자는 상대방이 어느 방향으로 움직일 것인지에 대한 예측을 해야 한다. 그런데 이 경우 검도의 하수들은 상대방의 발을 보는 반면, 검도의 고수들은 상대방 전체를 꿰뚫어 파악한다고 한다. 발은 왼쪽을 향하는 것처럼 보이지만 전체적인 몸가짐은 오른쪽을 가리키는 경우가 있기 때문이다. 이렇게 겉으로 드러나는 현상이 아니라 상대방의 진의가 무엇인지를 파악하는 것은 바로 '견'의 단계가 아닌 '관'의 단계다.

설득도 결국은 커뮤니케이션이다. 설득을 포함해 모든 커뮤니케이션이 어려운 이유는 상대방의 진짜 속마음이 겉으로 드러나지 않고 감추어져 있기 때문이다. 그런 점에서 "견하지 말고 관하라" 는 가르침은 비즈니스 현장의 리더들에게도 귀중한 조언이라 할 것이다.

| 제15강 |

리더의 말은 귀에 부드러워야 한다

상대가 자신의 능력이 아주 뛰어나다고 생각한다면
굳이 그가 할 수 없는 일을 찾아낼 필요가 없다.

《한비자》 제12편 〈세난說難〉

━━━━━━━━━ 나는 D사의 윤 부장을 볼 때마다 그의 대단한 업무 능력에 놀라움을 금치 못하곤 했다. 그는 변호사인 나보다도 더 논리정연하고 해박한 법 논리를 갖추고 있다. D사에서 이루어진 대부분의 소송은 윤 부장의 진두지휘하에 진행되었고, 워낙 업무에 철두철미한 그였기에 어려운 사건들도 대부분 승소로 이끌 수 있었다. 그래서 그런지 그는 항상 자신만만하고 도전적이기까지 했다.

그러한 윤 부장에게는 한 가지 고질적인 문제가 있었는데, 그것은 사람들을 지나치게 거침없는 태도로 대한다는 점이었다. 소송이 발생하는 대부분의 이유는 현업에서 무언가 업무를 잘못 처리했기 때문이다. 그래서 소송이 진행되면 관련된 현업 관계자들과 회의를 하게 되는데, 이때 윤 부장은 사건 관련자들을 심하게 질책하곤 했다. 질책당하는 사람들 중에는 윤 부장보다 직급이 높은 사람들, 예를 들어 각 사업 부문의 이사들도 있었다. 그 이사들 입장에서는 자신들이 잘못한 일로 인해 소송까지 발생한 상황이기에 입이 열 개라도 할 말이 없는 상황이다. 하지만 그 과정을 지켜보면서 나는 '굳이 저런 이야기는 안 해도 될 텐데'라는 생각이 들었다. 아무리 문제를 일으킨 당사자들이라고 해도 거침없이 질책하고 훈계하는 모습에서 아쉬움을 느꼈다.

이런 생각을 하는 것이 나뿐만은 아니었던 모양이다. 어느 날 윤 부장이 임원 승진에서 누락되었다는 소식을 전해들었다. 실력이나 그동안의 업무 성과로 봐서 윤 부장은 당연히 임원 승진 대상이었다. 하지만 윤 부장은 D사의 10분의 1 규모밖에 되지 않는 자회사의 부장으로 좌천되었다. 결국 윤 부장은 사표를 내고 회사를 떠났다.

내게 작별 인사를 하러 온 윤 부장은 분노와 배신감에 몸을 떨면서 D사를 성토했다. 나는 윤 부장의 분개하는 모습을 안타깝게 지켜보면서 한편으론 이런 상황이 어느 정도 예견된 건 아닌가 하는 생각도 들었다.

기분이 상하면 어떤 말도 들리지 않는다

모 중견기업의 곽 사장이 언젠가 내게 이런 질문을 했다.

"사사건건 직언을 하는 임원이 있는가 하면, 반대로 옳은 말을 하더라도 좀 부드럽게, 내 마음 편하게 해주는 임원이 있습니다. 조 변호사님이라면 이 두 사람 중 누구에게 더 마음이 갈 것 같으신가요?"

"아……, 글쎄요."

"사실 대부분의 CEO들은 '몰라서' 못한다기보다는 알긴 하지만 여러 여건들 때문에 못하는 경우가 많아요. 그런데 그 부분을 신랄하게 콕 집어서 파헤치는 임원이나 부하 직원을 보면 야속하기도 하고 심지어 화도 나거든요. 처음부터 그런 말을 들으면 마음이 먼저 상해버리는 것이죠. 그러고 나면 맞는 말인 걸 알면서도 듣기 싫어집니다. 기왕이면 잘했다, 못했다를 따지기 전에 먼저 부드럽게 마음을 알아주는 사람이 한 명쯤은 있으면 좋겠습니다."

이성적으로야 직언을 하는 임원이 회사에 더 필요하고 고마운 존재겠지만, 항상 힘들고 외로운 결정을 해야 하는 CEO 입장에서는 날카롭고 세세하게 따지는 것부터 시작하는 사람보다 일단 좋은 말로 이야기를 꺼내는 사람에게 더 정이 간다는 것이 곽 사장의 설명이었다.

한비자가 이런 이야기를 들었다면 뭐라고 이야기했을까? 그가 〈세난〉편에서 한 말을 살펴보자.

상대가 자신의 능력이 아주 뛰어나다고 생각한다면 굳이 그가 할 수 없는 일을 찾아낼 필요가 없다. 상대방이 자신의 결단이 과감했다고 생각하고 있으면 그가 실수한 일을 찾아 화나게 할 필요가 없다. 상대방이 자신의 계획이 현명하다고 생각하면 실패할 경우를 들어서 추궁하지 말아야 한다.

설득의 의미는 상대의 뜻을 거스르지 않는 것이다. 또한 말투로 상대의 감정을 건드리지 않아야 한다. 그런 뒤에야 자신의 지혜와 변설을 마음껏 구사할 수 있다.

이 가르침을 요약하자면, 상대방의 자존심을 최대한 살려주고 자랑스러워하는 일은 계속 칭찬해주되 굳이 기분을 상하게 할 말은 가려서 하지 말라는 것이다. 이런 과정을 통해 상대방의 호감을 얻어야 비로소 지혜와 변설을 마음껏 구사할 수 있기 때문이다. 즉 한비자는 '지혜와 변설'보다 '호감'이 먼저라는 점을 강조하고 있다.

인간관계론의 대가로 유명한 데일 카네기(Dale Carnegie) 역시 '논쟁'으로는 자신의 의견을 관철할 수 없다면서 이렇게 말했다.

"사람을 움직이게 하는 비결이란 이 세상에 오직 하나밖에 없다. 스스로 하고 싶은 마음이 일게 하는 것, 바로 이것이 비결이다. 어떻게 해야 스스로 하고 싶은 마음이 일어날 것인가? 그들을 추어주어 스스로 중요한 인물이라고 느끼게 만들면 된다. 그뿐이다."

이러한 카네기의 이론은 사실 교육심리학자 존 듀이(John Dewey)가 인간의 가장 근원적인 충동이라고 주장한 '중요한 인물이 되고 싶은 욕구'에 대한 이론이 그대로 반영된 것이다.

카네기가 말하는 상대를 '추어준다'는 것은 상대방 스스로 불편하게 생각하는 부분을 괜찮다고 위로해주면서, 반대로 상대방이 자랑스럽게 생각하는 부분은 칭찬해주는 방식으로 상대방의 마음을 편하게 이끌어주는 것이다. 다른 말로 하면, 상대방이 듣고 싶은 이야기를 해주면서 자신의 의도를 그 속에 담는 것을 말한다.

어떤 사람은 이 조언은 곧 '아부'를 하라는 말이 아니냐며 거부감을 드러내기도 하는데 이런 생각의 배경에는 아마도 아부를 부정적인 것으로 바라보는 시선이 있을 것이다. 그런데 아부를 전략적이고 차사로 이용하면 오히려 마음을 여는 열쇠가 되기도 한다리처드 스텐걸(Richard Stengel)의 《아부의 기술You're too kind : a brief history of flattery》에는 아부에 관한 색다른 시선이 소개되어 있다.

상대방이 나에게 아부하고 있다는 것을 내가 눈치챌 경우 내 기분은 반드시 나빠질까? 영국의 극작가 버나드 쇼(Bernard Shaw)는 "당신이 누군가에게 아부하는 이유는 그를 아부할 만한 가치가 있는 사람이라고 여기기 때문이다. 따라서 아부를 듣는 당사자는 누군가 자신에게 아부하고 있다는 사실을 눈치채더라도 좀처럼 화를 내지 않는다. 오히려 고맙게 생각한다"고 말한다.

19세기 미국의 시인이자 사상가인 랄프 에머슨(Ralph Emerson)은 "아부에 현혹당하지는 않을지라도 아부를 싫어하는 사람은 아무도 없다. 아부란 자신의 비위를 다른 사람이 맞춰야 할 정도로 자신이 중요한 사람이라는 사실을 여실히 보여주는 행위이기 때문"이라고 했다.

이처럼 아부는 "당신은 내게 아주 중요한 사람입니다"라는 메시지를 전해줌으로써 상대방의 마음을 열어주는 마법 같은 작용을 하기도 한다.

때로는 먼저 마음을 여는 과정이 필요하다

맹자(孟子)의 정치 이론은 매우 뛰어나다는 평가를 받았지만 정작 왕들에게 채택되지 못했다. 후세 사람들은 그 이유를 맹자의 정치 이론이 지닌 선명성, 달리 말하면 과격성에서 찾기도 한다.

맹자는 "벼슬을 하는 자는 직분을 다 못하면 떠나고, 꾸짖음을 맡은 자는 말이 안 통하면 떠나야 한다"라고 말했다. 즉 "말귀가 안 통하면 떠나라"고 주문을 한 것인데, 이에 대한 한비자의 주장은 달랐다.

한비자는 "말귀가 안 통하면 상대방의 귀를 부드럽게 자극할 수 있도록 다양한 변주곡을 들려주라"라고 조언하면서 〈세난〉편에서 다음과 같이 말한다.

> 군주와 신하로서 오랜 시일을 지내면서 이미 친숙해지고 후한 은덕을 입게 되었을 때는 원대한 계획을 올린다 해도 의심받지 않을 것이며, 논쟁을 일으켜도 벌을 받지 않을 것이다. 그제야 이해를 분명하게 하여 일을 성공시키고, 옳고 그름을 곧이곧대로 지적하여 군주를 바로잡을 수 있다.

즉 한비자는 말이 안 통한다면 떠날 것이 아니라 "친해져서 마음을 열어야 한다"고 조언한 것이다. 더 나아가 〈난언難言〉편에서는 명재상 이윤(李尹)의 사례를 통해 소통에서 상대방의 마음을 먼저 여는 것이 얼마나 중요한지를 강조하고 있다.

> 옛날에 탕왕(湯王)은 탁월한 지도자 가운데 지극한 사람이었고,

이윤은 지혜로운 사람 가운데에서도 지극한 사람이었다. 이처럼 지극히 지혜로운 사람이 지극히 탁월한 지도자에게 유세를 했는데, 일흔 번이나 설득을 했지만 끝내 받아들여지지 않았다. 그리하여 이윤은 몸소 솥과 도마를 잡고 주방장이 되어 탕왕에게 요리를 해주면서 친해졌고, 그제야 비로소 탕왕도 이윤의 현명함을 깨닫고 그를 재상에 등용했다.

이윤에게는 지혜와 변설이 부족했던 것이 아니었다. 그러나 왕에게 등용되기 위해서는 '마음'을 얻는 것이 먼저라고 판단했기 때문에 스스로 부엌으로 들어간 것이다. 한비자는 이 일화를 두고 "자신의 말이 일개 요리사의 말과 같이 될지라도 그것이 받아들여져 세상을 구할 수 있다면, 이는 유능한 자가 부끄럽게 생각할 일이 아니다"라고 강조했다.

한비자가 주장한 소통의 전략을 요약하면, 결국 상대방의 마음을 열어서 내 주장이 잘 받아들여질 수 있도록 하는 것이다. 마음을 열기 위해서는 상대방의 욕구에 초점을 맞춰야 하고, 공격적인 말보다는 칭찬하는 말을 먼저 해야 하고, 때로는 돌아가더라도 가까이에서 친해지기 위해 노력해야 한다.

설득의 기술은 곧 리더십의 기술이다

먼저 상대의 호감을 사야 한다는 것은 상대가 비즈니스 파트너든, 내가 모시는 임원이든, 부하 직원이든 누구에게나 똑같이 적용되어야 할 가르침이다. 그런데 리더들의 경우 부하 직원들에게 좋은 말로 호감을 사야 한다는 점은 전혀 고려하지 않는 경우가 많다.

CEO는 회사의 최고 권력자로서 얼마든지 자신이 원하는 바를 부하 직원들에게 요구하고 촉구할 수 있다. 하지만 높은 권력만을 근거로 직원들을 '찍어 누른다면' 겉보기에는 말을 듣는 것처럼 보여도 진정으로 그 뜻을 따르고 실천하지는 않을 것이다.

바로 이 부분에서 한비자가 말한 술(術), 즉 '군주가 신하를 부리는 술수'가 필요한데 이를 오늘날의 언어로 바꾸면 '통솔의 지혜'가 될 것이다. 한비자가 말한 '술'의 핵심을 현대 기업의 CEO 입장에서 재서술하면 다음과 같다.

"CEO가 자신의 지위와 권력에만 기대지 않고 상대에 대한 존중과 배려의 마음을 가지는 것, 감정이 상하지 않도록 추켜세우면서도 자신의 정확한 의도가 반영되도록 하는 것, 이것이야말로 성공하는 CEO의 치밀한 리더십이라 할 것이다."

나는 주변에서 부하 직원의 장점을 칭찬하는 데는 인색하면서 단점을 지적하는 데에는 상당한 시간을 쓰는 리더들을 많이 본다. 또 어떤 리더는 말은 내용이 중요하지 형식은 중요하지 않다고 생각하기도 한다. 그들은 공격적인 말투로 직원들의 사기를 꺾고 일할 의욕마저 갉아먹는데, 정작 본인은 자신이 무엇을 잘못하고 있는지도 모른다.

그들은 결코 무능하지 않다. 다만 부하 직원의 마음을 열어야 자신이 의도하는 대로 움직이게 할 수 있다는 점을 모른다. 유능한 리더들일수록 내가 아무리 옳더라도 상대방을 공격하거나 가르치려 든다면 그 목적을 달성하지 못할 뿐만 아니라 또 다른 화(禍)로 돌아올 수 있다는 점을 유념해야 한다. 조직원들을 원하는 방향으로 통솔할 수 있을 때 진정한 리더의 유능함, 더 나아가 조직의 유능함이 발현된다.

마지막으로 짚어둘 것은, 한비자가 설득에 대해 말한 것은 군주가 신하를 통솔하기 위한 중요한 방법으로 제시한 것이라는 점이다. 즉 설득하기 위해 상대방의 마음을 여는 것은 방법론이지 목표가 아니다. 상대방의 자존심을 배려해야 한다는 한비자의 가르침이 법치가 아니라 덕치에 가깝다고 오해해서는 안 된다.

| 제16강 |

새로운 인재를 들일 때 조심해야 할 것들

나라 안의 인재를 쓰는 대신 나라 밖의 사람을 구하고,
공적이 아니라 평판에 근거해 사람을 임용하며
나라 밖의 사람이 오랫동안 낮은 관직에 있었던 사람들보다
더 높은 벼슬에 오르면 그 나라는 망한다.

《한비자》 제15편 〈망징亡徵〉

━━━━━━━━━ A사의 창업주인 정 회장은 경영 승계를 위해 자신의 장남인 정 대표를 CEO의 자리에 앉혔다. 정 대표는 미국에서 MBA를 마치고 글로벌 컨설팅회사에서 4년간 근무한 참이었다. A사는 전형적인 제조업 업체로 수익률은 하락하는 추세였고, 시장에서의 경쟁력도 점점 잃어가고 있었다.

미국에서 새로운 비즈니스 트렌드와 IT산업을 경험한 젊은 정 대표는 A사의 근본적인 체질 혁신이 반드시 필요하다고 판단했고, 신사업을 발굴하고 이를 위한 과감한 개혁과 투자를 진행하겠다는 뜻을 여러 차례 임원들에게 밝혔다. 나아가 정 대표는 개혁의 일환으로 외부 인재 영입을 시작했다. 영입 대상은 대부분 그의 유학 시절 동창생들 또는 컨설팅회사 근무 시절 동료들이었다. 그들을 스카우트하기 위해 정 대표는 A사의 기존 연봉 체계보다 훨씬 높은 수준의 연봉을 제시했고, 두세 명에게는 아파트까지 제공하기로 하는 등 파격적인 대우를 보장했다. 이런 인센티브를 제공하지 않고서는 그들이 A사에 올 이유가 없으리라는 생각 때문이었다.

다행히 정 대표의 노력으로 여섯 명이 A사에 합류했다. 정 대표는 사장 직속으로 '미래사업추진팀'을 구성한 뒤 새 인원들을 모두 이곳에 배속시켰다. 미래사업추진팀은 사장 직속이었으므로 중간

결재 라인이 없었다. 정 대표는 보고 과정에서의 거품을 모두 빼버리고 신속하고 효율적인 의사 진행을 하고 싶었다.

A사에서 별도의 조직, 완전히 다른 기준의 연봉 체계를 갖게 된 미래사업추진팀 인원들은 자부심이 상당했고, 마치 침몰하는 A사를 구하러 온 '구조 요원'인 양 행동하기 시작했다. 미래사업추진팀에서는 기존 비즈니스 모델을 대폭 정리해야 하며, 그와 관련된 인원들도 정리할 필요가 있다는 발언을 사내에 공공연히 표출했다.

상황이 이렇게 되자 기존 인력들의 상실감과 박탈감이 조금씩 드러났다. 특히 20년 가까이 A사를 이끌어온 임원들은 정 대표와 미래사업추진팀에 적대감마저 느꼈다. 미래사업추진팀의 분석대로 기존 사업의 수익률은 아주 낮은 편이었다. 하지만 그렇게 낮은 수익률을 갖고서도 오늘의 A사를 성장시킨 것이 기존의 직원들이었다. 그런데 새롭게 경영권을 잡은 정 대표는 공로를 알아주기는커녕 그들을 정리 해고의 대상으로 보는 듯한 느낌을 주는 것이 아닌가? 기존 임직원들은 자신들이 곧 용도 폐기될 것이란 생각을 하게 됐다.

이후 A사에서는 다양한 문제들이 발생했다. 거래처에서 정상가보다 높은 값으로 납품받으면서 뒷돈을 챙기는 사건이 발생하는가 하면, 그동안 A사에 누적되어 있던 세금 관련 문제들을 국세청에 고발하겠다는 빌미로 돈을 요구하는 사람이 나타났다.

정 대표는 이런 문제들을 종합적으로 방어하기 위해 내게 법률 자문을 의뢰했다. 그러면서 임직원들의 도덕적 해이와 낮은 윤리

의식에 분개했다.

"미국에서는 이런 일을 상상할 수도 없습니다. 이번 기회에 썩은 가지들은 모두 쳐낼 겁니다. 회사가 그동안 해준 게 얼만데 이런 식으로 뒤통수를 친단 말입니까?"

물론 거래처와 담합해 사익을 챙기는 것은 명백한 부정행위이며, 회사의 약점을 빌미로 협박을 하는 것 역시 도덕적 해이에 해당하는 일이다. 다만 임직원들이 그런 행동을 하게 된 데에는 정 대표의 미숙한 경영도 한몫한 것이 아닌가 하는 생각을 떨칠 수 없었다.

나라 밖에서만 인재를 구하려 하면 나라가 망한다?

한비자는 〈망징〉편에서 나라의 멸망을 초래하는 다양한 징조를 열거하고 있는데, 그중 하나가 바로 "나라 안의 인재를 쓰는 대신 나라 밖의 사람을 구하며, 오랫동안 조직에 충성했던 이들보다 외부의 인재에게 더 높은 지위를 부여할 때"다.

그러면 이것이 왜 나라가 망할 징조일까? 대략 다음의 두 가지로 그 이유를 가늠해볼 수 있을 것이다.

첫째, 군주가 외부의 인재를 더 높게 대우하면 기존 세력들은 상실감과 패배감을 느끼고 자신이 가진 권한으로 나라의 이익이 아니라 자기 개인에게 이익이 되는 행위를 하면서 나라를 위태롭게 할 수 있다.

둘째, 새로운 인재들이 과연 끝까지 충성을 다할지 장담할 수 없다. 그들은 자신의 이해관계에 따라 얼마든지 다른 선택을 할 수도 있다. 그럼에도 군주가 새로운 인재의 등용에만 몰두한다는 것은 불안한 기초 위에 성을 쌓는 것과 비슷한 형국인 것이다.

한비자의 가르침에 비추어 볼 때, 정 대표에게 아쉬운 부분은 무엇일까?

회사의 개혁과 새로운 비즈니스 개발을 위해 외부에서 인재를 스카우트하는 것은 필요한 일이다. 참신한 인재를 조직에 영입하는 것은 리더가 해야 할 중요한 일 중의 하나다. 그런데 그 과정에서 기존 임직원들에 대한 배려가 부족했다. 새로 영입한 인재들에게만 리더의 애정과 지원이 집중되고 있을 때, 기존 임직원들이 느끼는 상실감과 패배감을 충분히 고려하지 못한 것이다.

더구나 새로 영입된 인원들이 기존 비즈니스 모델을 축소해야 한다거나 임직원들의 정리가 필요하다는 식의 발언을 공개적으로 하는 상황에서 과연 임직원들은 어떤 생각을 하게 될까? 언제 해고될지 모르는 상황에서 제 몫을 해낼 수 있는 직원이 몇이나 되겠는가? 그간 헌신한 것의 결과물이 박탈감에 지나지 않는다면 조직에 충성할 사람은 없다.

대책 없는 외부 인력의 영입은 혼란을 부추긴다. 기존 직원에 대한 배려 없이 외부 인력을 영입할 경우 조직의 질서가 어지러워질 수 있다. 외부 인력의 영입은 기존 직원들이 납득할 만한 이유가 있거나, 기존 직원들의 반감을 막는 조치가 따를 때 이루어져야 한다.

A사는 그 뒤에 어떻게 되었을까?

미래사업추진팀이 제안한 새로운 비즈니스들은 결실을 맺는 데 까지 꽤 많은 시간이 필요했다. 그때까지는 기존 사업부가 A사를 뒷받침해야 했다. 하지만 자신들이 곧 버려질 것이라고 생각한 임직원들 중 일부는 부정행위를 통해 A사에 손해를 끼쳤고, 다른 일부는 경쟁사로 자리를 옮기는 쪽을 택했다.

얼마 지나지 않아 회사의 수익률이 급격히 하락했고, 새로운 비즈니스가 자리를 잡지 못하는 상황이 장기화되면서 A사의 자금 사정이 악화되었다. 결국 A사는 전 직원의 연봉 삭감이라는 긴급 방침을 발표했다. 그러자 정 대표가 영입했던 외부 인원들은 모두 사표를 내고 다른 직장으로 자리를 옮겼다. 정 대표는 그제야 기존 비즈니스의 고마움을 깨닫고 이를 정상화하느라 동분서주하고 있다.

외부 인재를 영입하기 전에 점검해야 할 것들

조직원들은 회사에서 살아남는 것에 민감할 수밖에 없다. CEO의 사소한 몸짓도 예민하게 받아들이는 이유다. 조직을 개혁하거나 새로운 직원을 채용할 때는 두말할 것도 없다.

그렇다면 외부 인재를 영입하려고 할 때 리더는 어떤 점들을 미리 점검해야 할까?

• 기존 인력이 성과를 낼 수 있도록 충분한 기회를 주었는가?
혹시 기존의 인력들이 성과를 낼 수 있도록 기회를 주지 않았거나 신사업에 도전하고 싶은 욕구가 있음에도 묵살한 것은 아닌가?

만약 그렇다면 신규 인력이 들어왔을 때 기존의 인원들이 느낄 박탈감은 더욱 커진다. 조직 운영상 외부 인재가 반드시 필요한 순간도 있지만 그게 아니라면 이미 가지고 있는 인력 자원 중에서 가능성을 먼저 확인해보아야 한다.

• 기존 인력들에게 충분히 상황을 설명하고 납득시켰는가?

기존 임직원들과는 더 잦은 면담을 통해 왜 신규 비즈니스 모델이나 새로운 인재가 필요한지 충분히 설명해주어야 한다. 동시에 기존 비즈니스 부분도 분명 중요하며 오히려 새로운 비즈니스의 기틀이 될 수 있으니 더 신경을 써달라는 당부도 잊지 마라. 그 속에서 기존 임직원들의 자부심과 존재감을 살려줄 수 있을 것이다. 만일 반발하는 직원들이 있다면 어떻게 대처할지에 대한 방안도 미리 마련해두면 좋다.

• 외부 인재와 기존 인재가 융합할 수 있는 시스템이 존재하는가?

마지막으로 외부 인재와 기존 인재가 어색함이나 경계심 없이 잘 어울릴 수 있도록 특별한 관심을 쏟는 것이 중요하다. 아울러 새로 영입된 인원들에게는 오늘의 회사가 있기까지 기존 임직원들의 노력이 뒷받침되었다는 점을 강조하면서 그들을 존중하고 원만하게 융합하기 위해 최선을 다해달라는 당부를 잊지 말아야 한다.

정 대표는 특히 이 부분에서 중요한 실수를 저질렀다. 새로 영입한 임원들이 기존 비즈니스와 임직원들에 대해 함부로 이야기하

것도 사실 따지고 보면 정 대표가 그런 생각을 가지고 있었고, 은 연 중에 표현했기 때문이다. 설사 정 대표가 기존 비즈니스 모델과 임직원들에게 문제가 많다고 생각했다 하더라도 그런 생각을 외 부에 표출해서는 안 된다. 리더의 속마음이 드러났기 때문에 기존 임직원들은 상실감과 패배감을 느꼈고, 신규 영입자들은 우쭐함과 오만함에 사로잡혀 잘못된 처신을 하게 된 것이다.

리더는 조직원들 모두의 역량을 고르게 이끌어내야 한다. 그러 려면 외부의 인재를 들이면서 기존 조직원을 함께 돌아보아야 한 다. 한번 조성된 위화감과 박탈감은 쉬이 없어지지 않기 때문이다. 이는 자칫 조직에 대한 충성도를 떨어뜨리는 것으로 이어져 기업 경영에 큰 혼란을 초래할 수 있다.

반대 의견이 없다는 것은 위험 신호다

사람의 수가 적은 것은 아니지만
말하는 바는 한 사람이 하는 것과 다름없으니
어찌 세 사람과 의논했다고 할 수 있겠습니까?

《한비자》제30편〈내저설 상 칠술內儲說 上 七術〉

━━━━━━━━ E사의 신 사장은 출원한 특허만 20여 개가 넘는 전형적인 발명가형 CEO다. 심지어 차를 타고 가다가도 아이디어가 떠오르면 차를 갓길에 세워놓고 열심히 메모를 할 정도다.

신 사장은 자신의 아이디어가 어느 정도 정리되면 불시에 임원 회의를 소집해서 그 아이디어에 대한 사업화 가능성을 타진해보는 '자체 검증의 시간'을 갖는다. 신 사장은 임원들에게 반드시 자신의 아이디어에 대해 '날카로운 비판'을 해달라고 주문한다. 신 사장은 다소 번거롭지만 이런 절차를 꼭 거치는 것이 오류를 줄이고 다양한 의견을 수렴할 수 있는 좋은 계기가 된다고 생각했다.

신 사장은 우선 자신의 아이디어를 소개하기 전에 자신이 어떻게 이 아이디어를 창안하고 발전시켰는지, 나아가 이 아이디어가 회사에 어떤 영향을 끼칠 것인지에 대해 상당히 많은 시간을 고민했다는 점을 자세히 설명한다. 그런데 피드백을 받는 시간이 되면 대부분 긍정적인 반응을 보이면서 사장님의 추진 방향을 잘 보필하겠다는 식으로 회의가 마무리된다고 한다. 신 사장은 자신의 아이디어가 괜찮은지 검증받고자 했기 때문에 현실적인 한계를 지적하거나 가능성을 의심하는 등의 반대편 이야기도 듣고 싶었지만 직원들이 자신의 눈치를 보느라 그런 이야기를 못하는 것 같다면서 아쉬움을 토로했다.

그런데 알고 보니 상황을 이렇게 만든 것은 신 사장 자신이었다. 어느 임원이 신 사장의 아이디어에 대해서 비판의 목소리를 냈다가 회사의 상황을 제대로 파악하지 못한다느니, 아이디어에 대한 이해도가 그렇게 낮은 줄 몰랐다느니 하는 등의 훈계를 듣고 난 이후부터는 신 사장의 아이디어 회의 시간에는 검증이 아니라 일방적인 찬사만이 존재하게 되었다.

E사의 총무이사가 전하는 바에 따르면 신 사장의 아이디어가 설익은 상태에서 현업에 적용되거나 직원들이 그 아이디어에 대해 충분히 이해하지 못한 상태인 경우가 많아서 중간에 유야무야되는 때가 많았다고 한다. 그는 이렇게 되는 것이 회사 전체로 봐서는 오히려 마이너스 효과를 내고 있다며 안타까워했다.

그렇다면 신 사장의 오류는 어디에 있었던 것일까? 신 사장은 자신의 아이디어를 무턱대고 현업에 적용하기보다는 '검증'을 거쳐 보고자 했고, 일부러 시간을 내어 직원들에게 자신의 아이디어를 자세히 설명하는 시간도 가졌다. 여기까지는 문제가 없다. 문제는 신 사장이 검증을 받아본다고 하면서 자신의 이야기만 하고 정작 임직원들의 의견을 경청하려는 자세는 보여주지 못한 데에 있다.

신 사장은 늘 자신의 아이디어가 깊은 고민에서 나왔으며, 따라서 회사에 긍정적인 영향을 줄 것이라는 점을 강조했다. 이는 사실상 아이디어에 대해 먼저 긍정적인 평가를 내리고 있는 것이나 다름없다. 그런데 어떻게 임직원들이 CEO의 아이디어에 대해 부정적인 의견을 내고 비판의 목소리를 낼 수 있겠는가.

어쩌면 신 사장은 자신의 아이디어를 소개하면서 내심 뿌듯한 마음을 품고 있었기에 그렇게 스스로 칭찬하는 듯한 이야기를 했는지도 모른다. 또 한편으로는 혹시라도 나올지 모르는 비판과 반대의 목소리를 사전에 잠재우려는 의도도 포함되어 있을 수 있다.

어느 쪽이든 간에, 임직원들은 늘 CEO의 생각을 알기 위해 안테나를 세우는 사람들이기 때문에 그 정도의 숨은 의도는 손쉽게 알아차린다. 따라서 '검증의 시간'이 '칭찬의 시간'으로 변질되게 한 원인 제공자는 다름 아닌 신 사장이라고 해야 할 것이다.

반대 의견을 듣는 것이 중요한 이유

경청은 리더에게 중요한 역량이며, 때로는 반대와 비판의 목소리도 꺼리지 않고 들을 수 있어야 한다. 리더는 오히려 모든 의견이 한 가지 방향으로 통일되는 것을 경계해야 한다. 그것은 리더로서 실패하지 않을 수 있는 방법이기도 하다. 한비자도 "간신은 반대 의견을 없앤다"라고 하며, "반대 의견을 듣지 못하는 군주는 그 절반을 잃은 것이다"라고 했다.

영국의 유명한 극작가이자 방송제작자인 안토니 제이(Antony Jay)는 《경영과 마키아벨리Management and Machiavelli》에서 히틀러나 나폴레옹과 같은 실패한 영웅들에게서 발견되는 공통적인 행태에 대해 다음과 같이 지적한다.

'예스 맨'들에게 둘러싸인 지도자는 자기가 알고 싶어 하는 자료만을 표시해주는 계기(計器)에 의거하여 맹목적으로 비행하는 조종사와 같은 존재다. 그러한 독재자는 독립심과 창조력이 있는 인재들을 회사에서 축출하고 자기의 정책에 대한 비판의 소리를 모조리 봉쇄했기 때문에 일단 파국이 도래하는 날이면 누구도 구제의 대안을 제시하지 못한다. 나아가서 그를 대신하여 지휘를 맡을 만한 지도자가 그 회사에는 존재하지 않는다.

이렇듯 CEO는 그것이 비록 귀에 거슬리는 듣기 싫은 말이라 할지라도 여러 사람의 다양한 조언에 귀를 기울여야 한다.

한비자는 〈내저설 상 칠술〉편에서 군주가 신하를 다스리는 일곱 가지 방법[術]을 설명하는데, 그 첫 번째가 바로 '참관(參觀)'이라 하여 '여러 신하의 말을 두루 참조하고 관찰한다'는 것이다. 즉 군주야말로 다양한 의견을 가감 없이 들을 수 있어야 하고, 만일 같은 의견만이 나올 경우에는 그 원인이 어디에 있는지를 파악한 후에 적극적으로 다른 의견을 들어야 한다는 것이 한비자의 조언이다.

다음은 이와 관련해 한비자가 소개한 일화다.

여러 제후들 간의 이름이 높은 현자 안자(晏子)가 노(魯)나라를 방문하자 애공(哀公)이 안자에게 의견을 구했다.

"속담에 이르기를 '세 사람이 모여서 의논하면 미혹됨이 없다'고 했소. 지금 과인을 온 나라 사람들과 함께 의논을 하고 있은에도 불구하고 나라가 여전히 혼란을 면치 못하고 있으니, 그 까닭이 무엇이라고 생각하시오?"

이에 안자가 대답했다.

"그 속담은 한 사람이 틀려도 두 사람은 옳을 수 있으므로 세 사람과 의논하는 것은 여러 사람과 의논하는 것과 같이 미혹됨이 없다는 뜻입니다. 지금 노나라의 신하는 수천 수백 명이나 되지만 하나 같이 계씨(季氏)의 사사로운 이익에 부합하는 말만 하고 있습니다. 사람의 수가 적은 것은 아니지만, 말하는 바는 한 사람이 하는 것과 다름없으니 어찌 세 사람과 의논했다고 할 수 있겠습니까?"

당시 계씨 가문은 노나라의 제15대 임금 환공(桓公)의 후손 가운데 한 가문으로 대권을 장악하고 있었다. 많은 사람들이 최고 권력자인 계씨의 영향권 아래 놓여 있었기 때문에 그들의 이야기는 모두 계씨의 편에 서서 그의 이익을 옹호하는 것이었고, 결국 표현만 다를 뿐 하나의 의견에 불과했던 것이다. 즉 애공은 자신이 '여러 사람'과 의논한다고 생각했지만, 사실은 '한 사람'의 이야기만 듣고 있는 것이나 다름없었다.

한비자는 이 사례를 통해 한 명의 신하에게 힘이 몰리는 것을 경계하라고 조언함과 동시에, 아무리 여러 사람에게 의견을 들어도 그 내용이 한 방향을 향하고 있다면 결국 한 사람에게 이야기를 들은 것과 같다는 점을 분명하게 이야기하고 있다.

신 사장이 자신의 아이디어에 대한 임직원들의 정확한 의견을 들고 싶다면, 우선 그 아이디어에 대해 주관적인 평가를 내리면서 이를 자화자찬하지 말아야 한다. 리더의 평가가 먼저 이루어지게 되면 그 뒤부터는 하나의 관점만이 존재할 위험성이 크기 때문이다.

그리고 리더가 다양한 의견을 듣지 못하고 있다고 스스로 판단했다면, 다음과 같은 점들을 확인해볼 필요가 있다.

- 임직원들이 모두 비슷비슷한 의견을 냈다면 그 이유는 무엇인가?
- 반대 의견, 비판적인 의견도 눈치 보지 않고 이야기할 수 있는 분위기인가?
- 대다수 의견과는 다른 의견이 나왔을 때 그 의견이 옳든 그르든 주의 깊게 검토했는가?

리더가 소수의 의견에도 귀를 기울일 때 자연스럽게 견제와 균형이 이루어질 수 있다.

조언하는 사람의 의도를 세밀히 파악하라

이렇듯 다양한 의견을 듣기 위해 노력하는 것 못지않게 조언을 하는 자의 의도, 즉 말의 행간에 숨겨진 의미를 세밀하게 이해하는 것도 중요하다.

다음은 사마천의《사기》에 소개된 한 일화다.

추기자(騶忌子)라는 귀족이 제나라 위왕(威王)의 눈에 들어 재상이 되었을 때, 현자인 손우곤(荀于髡)이 추기자의 요청으로 그를 찾아가 몇 가지 충고의 말을 올렸다.

"산돼지의 기름을 수레 축에 바르는 까닭은 축을 원활하게 회전시키기 위해서입니다. 그러나 수레 축이 네모꼴로 되어 있으면 아무리 산돼지 기름을 발라도 회전하지 못합니다."

"알겠습니다. 군왕의 좌우에 있는 신하들을 섬겨 원활하게 하겠습니다."

손우곤이 다시 말했다.

"활을 맬 때 아교 칠을 하는 것은 잘 결합시키기 위함입니다. 그러나 간격이 너무 크면 아무리 아교를 칠해도 붙지 않습니다."

"알겠습니다. 몸소 만민에게 친근하여 간격이 없도록 하겠습니다."

손우곤의 발언이 이어졌다.

"여우 가죽으로 만든 갖옷이 해졌다고 해서 개 가죽으로 부족한 부분을 채워 기울 수는 없습니다."

"알겠습니다. 군자를 택하여 임용하고 소인을 그 사이에 섞지 않겠습니다."

"수레와 비파를 만들 때 잘 계량하여 균형을 맞추지 않으면 물건을 싣거나 소리를 낼 수 없습니다."

"알겠습니다. 법률을 정리하여 간사한 관리를 경계하겠습니다."

손우곤은 말을 마치고 나와 문밖에 있던 종에게 이렇게 말했다.

"내가 '미묘한 말' 네 가지를 던졌는데, 그는 내 말에 응답하기를 마치 소리를 지르면 산울림이 되돌아오는 것과 같이 했다. 이 사람은 선정을 베풀 분이다."

손우곤은 자신의 충고가 재상인 추기자에게 어떻게 받아들여질지 자신할 수 없었기에 직언을 하기보다는 은유를 사용하여 미묘하게 말을 했다. 그런데도 재상은 그 미묘한 말 속에 숨겨져 있는 교훈을 찾아내고 이를 적극 참고하겠다는 수용의 자세를 보였다. 그야말로 조언을 경청하는 모범을 보여주는 사례라 할 수 있다.

리더는 직원들의 조언을 경청할 때 '완곡한 표현'에는 증폭기를 들이대고 들어야 한다. 부하 직원들은 리더에게 비판적인 이야기를 할 때 웬만해서는 직언을 하지 못한다. 따라서 완곡하고도 미묘한 표현의 행간에 감춰져 있는 진의를 예리하게 파악하려는 노력이 필요하다. 이 점을 명심하지 않으면 리더는 혼자 달리는 기차가 될 수밖에 없다.

어떤 CEO의 경우에는 직원들의 조언을 듣는 것이 권위를 무너뜨리는 것이라고 생각하기도 한다. 하지만 군주의 권세를 그토록 강조한 한비자가 '참관'을 강조한 이유가 무엇이겠는가. 그것은 신하의 말을 참조하고 관찰하는 참관이 권위를 무너뜨리는 것이 아니라 오히려 아랫사람을 좀 더 현명하게 다스리는 방법이기 때문이다.

리더에게 적극적인 수용의 태도가 없으면 어떻게 될까? 반대 의견이 있어도 감히 직언을 하지 못하는 직원들은 그냥 입을 다물거나 대충 다른 사람들의 의견에 동조하는 태도를 보일 것이다. 그러고 나면 회의는 이미 정해진 결론을 확인하고 옹호하는 단합 대회로 끝나버릴 공산이 크다. 단합 대회를 하고 나면 잠시 분위기는 좋아질 수도 있겠지만, 이것이 리더에게는 뼈아픈 후회를 낳을 수 있는 함정이 될 수 있음을 잊지 말았으면 한다.

내 몸에 맞지 않는 칼은
나를 다치게 할 수 있다

무릇 어린아이가 서로 장난치며 놀 적에는
흙을 밥이라 하고 진흙을 국이라 하며 나무를 고기라 한다.
그러나 저녁때가 되면 반드시 집에 돌아가서
밥을 먹는 이유는 흙 밥과 진흙 국은
가지고 놀 수는 있지만 먹을 수는 없기 때문이다.

《한비자》 제32편 〈외저설 좌상外儲說 左上〉

━━━━━━━━ A그룹은 계열사 일곱 개를 거느린 중견그룹으로 선대 회장이 기초를 닦았고, 현재는 장남인 박 사장이 그룹 경영을 총괄하고 있다. 박 사장은 각종 언론에 선진 경영 기법을 선제적으로 적용하는 CEO로 자주 소개되고 있다. 그는 조직 내부의 역량만으로 발전하는 데에는 한계가 있다고 생각해서, 정기적인 외부 컨설팅을 통해 조직의 문제점을 발견하고 개선 방안을 찾는 데 주력하고 있다. A그룹은 외부 컨설팅 업체들 사이에서 인기가 높았는데 그 이유는 거액의 컨설팅 수수료를 기꺼이 부담하기 때문이었다.

A그룹에서만 25년 정도 근무하고 있는 전략기획이사인 김 이사는 박 사장이 외부 컨설팅 보고를 신봉하는 문제에 대해 조심스럽게 자신의 의견을 내비쳤다.

"물론 외부 전문가가 객관적인 시각에서 회사의 문제점을 더 정확하게 진단할 수 있다는 점은 저도 인정합니다. 하지만 컨설턴트들이 2~3개월 정도 회사에 와서 현황을 파악한 뒤 해결책이라며 보고서를 던져주고 가는데, 그 내용이 회사 현실과 너무 맞지 않아 난감한 경우가 많습니다."

특히 컨설턴트들은 박 사장의 스타일을 잘 알고 있기에 컨설팅 보고서에 미국의 최신 경영 이론과 모델을 제시하면서 A그룹에 적용해볼 것을 건의하는데, 새로운 것에 대한 관심이 많은 박 사장은 그 보고서대로 조직을 혁신하고 정책을 펴는 일이 많았다.

이렇게 자신들의 컨설팅 결과에 따라 회사의 중요한 정책이 바뀐다는 것을 눈치챈 컨설턴트들은 사내 임원들에게 노골적인 제안을 하기도 했다.

"어떤 식으로 보고서를 작성하면 회사 현실에 잘 부합할 수 있을지 설명해주세요. 그럼 그 내용을 보고서에 반영하도록 하겠습니다. 어차피 회사의 속사정은 여러분이 제일 잘 아실 테니까요."

임원들 입장에서는 이런 제안이 차라리 고마웠다. 박 사장에게 똑같은 의견을 전달해도 컨설턴트의 입을 통해 전하면 훨씬 신빙성 있게 받아들여지기 때문이었다.

화려한 결과와 대안에 현혹되지 마라

외부 전문가들이 조직 바깥에서 조직의 문제점을 진단하고, 또 최신 경영 이론을 접목해서 대안을 제시하는 경영 컨설팅은 조직의 발전을 위해 매우 요긴할 수 있다. 하지만 실제 경영 현장에서는 이런 컨설팅이 과연 얼마나 실효성이 있는지에 대해 의문을 제기하는 경우가 많다. 특히 조직이 외부 컨설팅 결과에 쉽게 휘둘리는 경우, 나아가 조직의 리더가 조직 내부의 목소리보다는 컨설팅 결과를 맹신하게 될 경우에 조직원들이 나아갈 방향을 잃고 혼란스러워할 수 있다.

그러면 외부 경영 컨설팅이 실효성을 얻지 못하는 이유는 무엇일까? 그것은 컨설팅의 목적이 조직의 문제점 개선과 변화에 있는데, 정작 컨설팅의 결과 보고서가 실질적으로 도움이 되지 않거나 현실과 괴리가 있는 경우가 많기 때문이다. 더욱 큰 문제는 CEO가 보고서 내용이 회사의 상황을 해결할 수 있는 현실적인 대안을 내놓고 있는지 정확하게 판단하지 않은 채 그대로 밀어붙이는 경우가 많다는 점이다.

외부 컨설팅을 받을 때에는 분명한 목적을 갖고 해야 한다. 두루뭉술하게 무슨 문제가 있는지 파악을 해보자는 식으로는 올바른 해결책을 도출해낼 수 없다. 또한 외부 컨설턴트들이 아무리 전문가라 해도 그들을 맹신하는 것은 금물이다. 특히 외국의 최신 이론이나 기법이라고 하면 덮어놓고 옳은 것이라고 믿어버리는 것만큼 어리석은 일도 없다. 컨설팅의 목적은 조직을 개선하는 것이어야지 그럴 듯해 보이는 최신 경영 이론을 무조건 도입하는 것이어서는 안 된다.

따라서 외부 컨설팅을 진행한 후에는 반드시 결과가 애초의 목적, 즉 조직 내 문제점을 개선하는 데에 초점이 맞춰져 있는지, 조직의 인적·물적 자원을 비롯한 현실적인 조건에 부합하는 적절한 제안을 하고 있는지 따져보아야 한다.

한비자는 군주가 정책을 결정하고 진행함에 있어 화려한 겉모습이 아닌 실제 효용에 더 초점을 맞춰야 함을 강조하면서 《한비자》〈외저설 좌상〉편에서 이런 예화를 들고 있다.

송나라 왕이 무궁(武宮)을 짓게 하고는 일꾼들의 기운을 돋우기 위해 노래 잘하는 사람인 계(癸)를 불렀다. 계가 선창을 하고 노래를 하자 지나가는 사람들이 걸음을 멈춰서 구경을 하고, 일꾼들은 피로를 느끼지 않았다.

왕이 이 말을 듣고 계를 불러 상을 내리자 계가 말했다.

"제 스승 사계(射稽)의 노래가 저보다 훨씬 더 훌륭합니다."

그리하여 왕은 사계를 불러 노래를 부르게 했다. 하지만 지나가는 사람은 걸음을 멈추지 않았고, 일꾼들은 피로를 느꼈다. 그러자 왕이 말했다.

"사계가 노래를 부를 때는 지나가던 사람이 걸음을 멈추지 않고 일을 하는 사람도 피로를 느끼고 있다. 그렇다면 너의 노래는 계만 못한 것 아니냐? 어찌된 까닭이냐?"

그러자 사계는 이렇게 대답했다.

"왕이시여, 일꾼들이 쌓아올린 벽면의 높이를 보십시오. 계가 노래를 부를 때는 네 판(板, 길이는 재는 단위)을 쌓았는데, 제가 노래할 때는 여덟 판을 쌓았습니다. 또한 얼마나 견고하게 쌓아올렸는지 확인해보십시오. 계가 노래를 부른 후에 막대기로 찔렀을 때는 다섯 치[寸]가 패였는데, 제가 노래를 부른 후 찔러보았을 때는 단 두 치만 패였을 뿐입니다."

왕이 계나 그의 스승인 사계에게 노래를 부르게 한 목적은 무엇인가? 길을 지나는 백성들이나 무궁을 짓는 일꾼들이 즐기도록 하려는 것이 아니라, 일꾼들의 기운을 북돋워서 공사를 잘 수행하기 위함이었다. 그런데 결과는 어떠했나? 계가 노래했을 때보다 그의 스승인 사계가 노래했을 때에 일의 양적·질적인 결과가 훨씬 더 좋았다. 이는 사계의 노래가 본래의 목적대로 일꾼들의 사기를 더 잘 북돋웠다는 말이 된다. 그러나 사람들의 반응을 보고 겉으로만 판단하면 결과는 보이지 않는다.

한비자가 이 예화를 통해 전하려는 바는, 군주는 어떤 일의 목적에 부합하는 실적을 살펴봐야지 표면만 아름다운 것에 현혹되어서는 안 된다는 점이다. 하물며 흙으로 국과 밥을 지어 놀던 아이들도 그것을 먹을 수는 없다는 사실을 알고 있지 않은가. 한비자는 〈외저설 좌상〉편에 등장한 이 비유를 통해 겉보기와 실질을 잘 따져야 한다는 점을 강조하고 있다.

외부의 조언은 조직 상황에 부합해야 가치가 있다

겉으로 보기엔 그럴듯하지만 조직 상황에 부합하지 않는 외부 컨설팅은 오히려 조직의 안정성을 해칠 수 있다. 아무리 훌륭한 조언이라 할지라도 그것이 조직 상황에 부합하지 않는다면 과감히 수정하거나 버릴 수 있어야 한다.

16세기 일본 센고쿠 시대의 오다 노부나가(織田信長)는 오케하자마 전투에서 적장 이마가와 요시모토(今川義元)를 격파하고 그가 쓰던 칼을 전리품으로 획득했다. 요시모토가 쓰던 칼은 당시 천하에 이름난 명검이었다.

　요시모토의 칼을 감회 깊게 살펴보던 노부나가는 부관을 불러 "이 칼을 4치 5푼 끊어내고 다시 갈아오라"라고 명했다.

　주위 사람들이 "명검을 그렇게 하면 망가집니다"라며 만류하자, 노부나가는 이렇게 말했다.

　"칼의 효용은 칼을 휘두르는 주인의 목숨을 지켜주는 데에 있다. 칼이 너무 크고 무거워서 체력을 소모시키는 바람에 그 주인이 목숨을 잃게 되면 이는 명검이 아니다."

　노부나가에게 중요한 것은 명검이라는 그럴듯한 유명세가 아니었다. 그는 자신의 상황에 맞는 칼의 쓰임새에 집중했다. 어디까지나 자신이 중심이며 칼은 도구에 불과하다는 것을, 그리고 '명검'이라는 명성에 혹해서 자신의 몸에 맞지 않는 칼을 휘두르다가는 스스로 위험에 빠뜨릴 수 있다는 사실을 명확하게 알고 있었던 것이다.

　컨설팅을 받는 목적은 무엇인가? 컨설팅을 통해 조직을 더 발전시켜 나가자는 데 있다. 하지만 컨설팅 결과가 현실성이 결여되었는데도, 전문가들이 수행했다는 이유만으로 그 결과를 과대평가하고 강제로 반영하려 한다면 어떻게 될까? 당연히 안 하느니만 못한 일이 될 것이다.

　CEO는 컨설팅 결과가 자신의 회사에 맞는 것인지, 그리고 컨설팅을 위한 컨설팅이 이루어지고 있는 것은 아닌지 냉정히 따져본 필요가 있다. 그러려면 무엇보다 그 결과가 조직에 맞는 조언인지를 감별할 수 있는 혜안이 필요하다.

또한 외부 조언을 받아들이더라도 그것을 조직 내부에 적용시킬 때에는 상황에 맞는 절차와 속도가 필요하다. 아무리 좋은 음식도 급히 먹으면 체하는 법이고, 체질에 맞지 않는 음식을 먹으면 오히려 독이 될 수 있다. CEO는 외부 컨설팅의 결과를 통해 취득한 정보가 너무 중요하다고 생각한 나머지 조직 내부에 빨리 확산시켜야겠다는 욕심을 부릴 수 있다. 하지만 중요한 것은 속도보다 방향일 때가 있다. 조직원들이 외부의 조언을 객관적으로 잘 받아들일 수 있도록 분위기를 조성하는 것이 급선무일 수 있다는 말이다.

또한 외부 컨설팅을 좋아하는 CEO들에게 한 가지 더 조언하고 싶은 것은, 외부 조언을 듣기 전에 내부적으로 문제점을 진단해보고 해결책을 도출하는 노력을 먼저 기울여보라는 것이다. 외부 컨설턴트들도 인정하다시피 회사 내부 사정을 가장 잘 아는 것은 조직원들이다. 어떤 문제의 경우에는 객관적인 관점보다 내부의 자각과 성찰에서 결정적인 해결책을 찾을 수도 있음을 기억하길 바란다.

작은 지혜, 작은 충성에 매달리지 마라

작은 지혜를 가진 사람에게 나랏일을 계획하도록 할 수 없으며,
작은 충성을 가진 사람에게 법을 주관하도록 할 수 없다. (중략)
작은 충성이 큰 충성을 해칠 수 있다.

《한비자》제19편 〈식사飾邪〉

━━━━━━ C사의 민 대표는 10년 전에 처음 창업을 했다가 자금난으로 회사를 정리한 뼈아픈 실패를 경험했다. 나는 회사를 정리하는 과정에서 그와 인연을 맺었다. 민 대표는 그 후 C사를 설립했고, 다시는 과거와 같은 실수를 저지르지 않겠다고 굳게 다짐했다. 나는 민 대표의 재기를 진심으로 축하해주었다. C사는 현재 5년째 순탄하게 운영되고 있다.

민 대표는 자신이 예전에 실패한 이유가 공격적이고 무계획적인 경영 스타일 때문이라고 판단했다. 그래서 낙관적인 전망은 철저히 배제하고 보수적인 시각을 바탕으로 의사 결정을 하되, 장기 계획보다는 1년 단위의 단기 성과를 달성해가는 것을 C사의 가장 중요한 경영 방침으로 삼았다. 각 팀장들에게도 1년 단위의 실적을 기준으로 업무 평가를 하겠다고 고지했다. 아울러 민 대표는 회의를 주재할 때마다 자신의 실패담을 언급하며 '1년 단위의 성과 측정과 현금 유동성 확보'가 얼마나 중요한지 강조했다.

이렇게 단기 실적을 최우선으로 챙기는 민 대표의 경영 스타일은 회사 전반에 영향을 미쳤다. 특히 신규 사업에 대한 좋은 아이디어가 있어도 1년 내에 가시적인 성과가 나올 수 없는 것이라면 아예 거론조차 하지 않게 되었다. 민 대표에게 면박을 받을 것이 분명하기 때문이었다.

또한 1년 단위 실적을 기준으로 평가를 받는 팀장들은 단기 성과를 낼 수 있는 아이템을 찾아내는 데에만 신경을 썼고, 평가 시즌이 다가오는 11~12월에 집중적으로 실적을 챙기는 것이 관례화되었다. 실제 비즈니스 현장에서 모든 신규 프로젝트는 철저한 사전 조사와 기획, 수행 체계를 비롯한 실무적인 준비 등을 거쳐야만 실행이 될 수 있다. 그런데 단기간에 성과를 얻으려고 하다 보니 사전 준비 단계를 대충 건너뛰는 경우도 발생했다.

민 대표의 후배이자 창업 동기인 박 이사는 걱정스러운 표정으로 회사 분위기를 전했다.

"우리 회사가 내실 있는 것은 분명하지만 발전 가능성이란 점에서 볼 때는 좋은 점수를 주기 어렵습니다. 대표님이 워낙 단기 실적만을 강조하기 때문이죠. 아무래도 첫 창업의 실패가 큰 부담으로 작용하는 것 같습니다. 제가 팀장들에게 단기 실적만 챙기지 말고 좀 더 진취적으로 중·장기 계획을 세우고 적극적으로 움직여보자고 독려를 하는데, 실제로 그렇게 움직이는 팀장들이 없습니다. 업무 평가에 따라 승진, 급여 등이 모두 결정되는데, 어떻게 단기 실적을 포기할 수 있겠습니까. 이제 우리 회사도 한 단계 올라서려면 리스크가 있더라도 조금 멀리 내다보면서 준비를 해야 하는데 회사 분위기가 이러니 정말 걱정입니다. 아무래도 대표님의 트라우마를 어떻게 극복하느냐가 관건인 것 같습니다."

과거의 실패를 반면교사 삼아 똑같은 실수를 저지르지 않기 위해 노력하는 것은 리더로서 바람직한 태도라 할 수 있다. 하지만 민 대표처럼 과거 경험이 발전을 가로막는 걸림돌로 작용해서는 안 된다. 나는 그런 점에서 민 대표가 트라우마를 극복하는 것이 관건이라고 말한 박 이사의 의견에 동의했다. 과거의 경험이 경영 철학의 전부가 되어서는 안 된다. 특히 과거의 경험을 뛰어넘어 더 긍정적인 변화와 성장을 거치지 못했다면 더욱 그렇다.

눈앞의 작은 이익에만 집착하지 마라

회사가 지속적인 발전을 꾀하기 위해서는 단기적인 성과 못지않게 중·장기적인 성과도 중요하다. 현재 수익을 내고 있는 분야가 앞으로도 계속 수익을 낼 수 있을지 장담할 수 없기 때문에 당장은 성과가 나기 어렵더라도 미래를 보고 투자하는 분야도 필요하다. 즉 다각적인 비즈니스 포트폴리오를 구성해 다양한 미래 상황에 대처할 수 있어야 하는 것이다.

그런데 민 대표는 자신의 과거 경험을 반복적으로 언급하면서 단기적인 성과를 내지 못하는 사업 분야는 제대로 평가하지 않겠다는 경영 방침을 계속해서 고수했다. 이런 상황이라면 직원들이 인사상 불이익을 감수하면서까지 회사 전체의 이익을 위해 행동할 것을 기대하기 어렵다.

이러한 상황을 한비자의 가르침에 비추어보자. 한비자는 〈식사〉편에서 법을 바로 세워야 함을 강조하면서 그러기 위해서는 작은 지혜와 작은 충성을 경계해야 한다고 조언한다. 그렇다면 한비자가 말하는 작은 지혜와 작은 충성이란 무엇일까?

우선 작은 지혜란 '순간의 이익을 얻을 수는 있지만 그것만으로는 더 큰 이익을 낳지 못하는 미봉책'을 말한다. 《맹자孟子》에 나오는 이야기를 통해 좀 더 자세히 살펴보자.

자산(子産)이 정(鄭)나라의 재상이 되었다. 자산은 진수라는 큰 개천에 다리가 없는 것을 보고 개천을 건너는 사람들을 위해 자기 마차를 기꺼이 내주었다. 이에 대해 맹자는 이렇게 말했다.

"그것은 인자하기는 하나 정치를 모르는 짓이다. 다리를 놓아준다면 굳이 자기의 마차를 내줄 필요가 없지 않은가? 재상은 한두 사람을 상대하는 것이 아니라 여러 백성들을 사랑해야 한다. 좋은 정책이 곧 참다운 인자함인 것이다."

자산이 한 나라의 재상이 아니라 평범한 백성이었다면 그 인자함을 칭찬받아야 마땅할 것이다. 하지만 재상은 많은 백성들이 골고루 혜택을 누릴 수 있는 '좋은 정책'을 펴야 하는 리더다. 그런 점에서 마차를 내어준 것은 작은 지혜에 불과하다 할 것이며, 이는 올바른 리더의 모습이라 할 수 없다는 맹자의 가르침은 매섭기 그지없다.

1년 단위의 단기 이익을 강조함으로써 회사의 내실은 다질 수 있을지 모르겠지만, 회사가 1년만 존속하고 말 것이 아니라면 당연히 중·장기적인 계획이 필요하다. 하지만 회사의 CEO가 단기 성과를 강조하고 그에 따라 평가를 하는 까닭에 조직원들로 하여금 1년 안에 성과를 올리기 위한 전략, 즉 '작은 지혜'에만 매달리도록 만들었다. 작은 지혜는 아무리 많이 모여도 큰 지혜가 될 수는 없으며, 리더는 다리를 놓아주는 사람이지 배와 수레를 내어주는 사람이 아니다.

다음으로 작은 충성이 가져올 수 있는 문제점에 대해 한비자는 〈식사〉편에서 이런 예화를 들어 설명하고 있다.

초나라 공왕(共王)과 진(晉)나라 여공(厲公)이 언릉에서 전투를 벌일 때의 일이다.

어느 날 초나라 군대가 오전 전투에서 패했고, 그 과정에서 초나라 공왕은 부상을 입었다. 그 무렵 초나라의 일급 장수인 자반(子反)이 목이 말라서 물을 찾자 시종인 곡양(穀陽)이 술을 올렸다.

술 냄새를 맡은 자반이 말했다.

"치워라. 이것은 술이다."

그러자 곡양은 말했다.

"이것은 술이 아닙니다."

자반은 그것이 술인 줄 알면서도 못 이기는 척하며 받아 마셨다. 자반은 술을 좋아해서 일단 술잔을 들었다면 입에서 떼어놓을 수 없을 때까지 마시는 성격이었으므로 여러 잔을 마신 후 마침내 취해 잠이 들어버렸다.

오전 전투의 패배를 설욕하기 위해 비장한 마음을 먹은 공왕이 복수전에 관한 작전 회의를 하려고 사람을 보내 자반을 불러오게 했다. 하지만 이미 술이 취할 대로 취한 자반은 자신이 술을 먹은 사실이 공왕에게 알려질까 두려워 가슴이 아프다는 핑계를 대며 회의에 참석할 수 없겠다고 말을 전했다. 그러자 공왕은 걱정스러운 마음에 수레를 타고 직접 자반을 보러 왔다. 공왕이 자반의 막사에 들어서자 술 냄새가 코를 찔렀고, 이내 공왕은 표정이 바뀌어 막사를 나온 다음 이렇게 말했다.

"오늘 전투에서 나는 눈에 부상을 입어서 심히 괴로웠지만 믿을 사람이 있었기에 힘을 낼 수 있었다. 내가 믿을 사람은 자반뿐이었다. 그런데 자반은 저렇게 술에 취해 있다. 자반의 이 행위는 아예 초나라의 사직을 잊어버리고 우리 백성들을 사랑하지 않는 것과 다름없다. 나는 더 이상 전쟁을 할 힘이 없다."

공왕은 군대를 철수하여 귀환하고는 자반을 처단해 저잣거리에 내걸었다.

곡양이 자반에게 술을 건넨 이유가 자반을 해치고자 했던 것이 아님은 분명하다. 곡양은 자신이 모시는 자반의 피로를 풀어주려고 술을 물이라 고하고 바친 것이며, 자반은 못 이기는 척하고 이를 받아 마셨다. 하지만 자신이 모시는 장군을 정성껏 섬기려는 곡양의 충성심이 결과적으로는 자반을 나라와 군주를 배반한 사람으로 만들고 죽음에 이르도록 했다. 이를 두고 한비자는 "작은 충성이 큰 충성을 해치다"라고 했다,

아마도 곡양은 자신의 행위가 그토록 엄청난 파국을 몰고 오리라고는 생각지도 못했을 것이다. 자반은 전투를 해야 하는 장수로서 술의 유혹을 물리치지 못한 것도 문제지만, 시종의 마음이 작은 충성인 것을 알고 그것이 장수로서 마땅히 행해야 할 일을 방해할 수 있다는 점을 깨닫지 못한 것이 더 큰 잘못이다.

리더가 고민이 많고 힘들 때 옆을 지켜주는 부하 직원들의 응원과 충성은 큰 힘이 된다. 그러나 리더를 배려하는 선한 마음에서 비롯된 행동이 순간적으로 리더의 마음을 약하게 하고 올바른 판단을 내리지 못하게 만드는 경우가 종종 있다. 그러나 눈앞의 작은 이익이나 충성 때문에 더 크고 중요한 것을 놓친다면 리더로서 본분을 다하지 못한 것이다.

회사 성패를 좌우하는 리더의 판단과 결정

박 이사는 내게 말했던 문제점을 민 대표에게 조심스레 설명하고 개선이 필요하다는 점을 건의했지만, 민 대표는 박 이사의 건의를 따르지 않았다. 그 결과 회사에 꼭 필요한 인재들은 회사의 미래 가치가 크지 않다는 판단을 하고 미련 없이 떠나버리고, 현상 유지에 급급하며 자기 자리 지키기에 바쁜 팀장들만 회사에 남아서 민 대표와 코드를 맞추며 일했다.

리더는 시시각각 수많은 판단과 결정을 해야만 한다. 판단이나 결정이 필요하다는 말은 몇 가지 선택지를 놓고 이를 비교하고 분석하여 최적의 선택을 해야만 한다는 뜻이다. 그리고 리더의 판단과 결정은 전 조직에 전파된다. 조직원들은 그 판단과 결정 방향을 보면서 리더의 속내를 가늠하기도 하며, 자신의 미래에 대한 전망을 점치기도 한다. 이처럼 조직에 미치는 영향력의 크기와 정도가 절대적이기 때문에 리더는 언제나 신중하게 판단하고 결정해야만 하는 것이다. 내가 그동안 경험한 사례들을 종합해보건대, 사실 이러한 선택의 순간에 리더의 진짜 역량과 가치관이 드러나게 된다.

그런데 때로는 눈앞의 작은 지혜와 작은 충성에 현혹되어 올바른 판단을 하지 못하는 경우가 발생한다. 이런 일이 일어나지 않도록 하려면 큰 지혜와 큰 충성을 가려낼 줄 아는 혜안을 지니고 있어야 한다. 특히 임직원들의 건의와 보고를 들을 때 그 지혜와 충성의 크기를 냉정히 따져볼 필요가 있다. 즉 소수의 이익을 위한 것인지 회사 전체의 이익을 위한 것인지 따져보아야 한다는 말이다. 더불어 당장은 이익이 되는 것처럼 보이지만 미래의 이익을 갉아먹는 자충수가 되는 것은 아닌지 반드시 점검해야 한다.

볼링에서 스트라이크를 하려면 맨 앞에 있는 1번 핀이 아니라 세 번째 줄 가운데에 있는 5번 핀을 쓰러뜨려야 한다. 이 핀이 맞았을 때 주변 핀들이 연쇄적으로 넘어지면서 가장 큰 효과를 볼 수 있기 때문이다. 이 5번 핀을 바로 킹핀(kingpin)이라고 하는데, 어떤 문제를 해결하는 결정적인 열쇠 혹은 가장 시급하게 해결해야 할 핵심 사안을 가리키는 뜻으로도 사용된다.

리더는 매 순간 주어진 상황을 돌파하는 데 필요한 킹핀이 어떤 것인지 판별해낼 수 있는 통찰력을 지니고 있어야 한다. 눈앞의 1번

핀에만 집중하면 스트라이크를 칠 수 없다. 주변에서 도와주겠다면서 이렇게 해라 저렇게 해라 훈수를 둘 때 귀 기울여 듣되 흔들려서는 안 된다. 그렇기 때문에 리더를 어렵고도 고독한 책무를 수행하는 사람이라고 말하는지도 모르겠다.

한비자가 사람을 '내 편'으로 만드는 법

오기 장군이 그 아이 아버지의 종기도 그렇게 빨아준 적이 있습니다.
아이 아버지는 그 은혜에 감동하여 목숨 걸고 싸우다 전사했습니다.
저 아이도 이제 진쟁터에서 전사하겠지요.
그래서 슬픈 것입니다.

《한비자》 제32편 〈외저석 좌상外儲說 左上〉

━━━━━━━━━ S유통의 박 과장, 그는 2년제 대학을 졸업하고 S유통에 입사하여 성실함과 우직함을 바탕으로 4년 만에 임시직에서 과장까지 승진했다. 어떤 일을 맡겨도 마다하지 않고 항상 최선의 결과를 만들어내기 위해 노력하는 그는 S유통의 오너인 최 사장의 총애를 한몸에 받았다.

최 사장이 박 과장을 차장으로 특진시킨 지 한 달쯤 될 무렵, 박 차장이 세들어 살던 단독주택에 큰불이 나서 집 전체가 소실되는 사건이 발생했다. 다행히 인명 피해는 없었지만 감식 결과 화재 원인이 박 차장 부인의 잘못인 것으로 밝혀져 박 차장은 집주인에게 배상금을 물어줘야 했고, 또 당장 살 집을 얻어야 하는 절박한 상황에 빠졌다.

당시 연봉이 3500만 원 정도였던 박 차장에게는 눈앞이 캄캄한 일이었다. 여러 은행을 방문해서 대출 상담을 해봤지만 모두 거절당했다. 그러던 어느 날 최 사장이 박 차장을 사장실로 불렀다. 최 사장은 박 차장에게 흰 봉투를 내밀었다.

"아무 소리 말고 이걸로 해결하게. 이건 회사 계정에서 인출한 것이 아니라 내 개인 통장에서 인출한 걸세. 큰형이 주는 부조금이라고 생각하고 갚을 생각도 말게. 급한 일 빨리 해결하고 회사로

복귀하게."

봉투에는 박 차장의 3년 연봉을 합한 금액, 자그마치 1억 원이 들어 있었다. 박 차장은 그 돈으로 집주인의 배상금을 해결하고, 자그마한 전셋집도 얻을 수 있었다. 벼랑 끝에서 구원의 동아줄을 쥔 느낌이 이런 것일까? 박 차장이 최 사장에게 얼마나 큰 고마움을 느꼈는지는 두말할 필요가 없을 것이다.

그즈음 최 사장은 S유통의 사업 영역을 확대해나갔다. 당시 상승 국면에 있던 부동산 경기를 감안하여 부동산 시행업에 진출하기로 결정, 부동산 개발을 목적으로 하는 S에프엔씨라는 자회사를 신설했다.

최 사장은 S에프엔씨의 대표이사로 박 차장을 발령냈다. 박 차장은 파격적인 인사 조치에 놀랄 따름이었다. 박 차장은 자기를 이렇게까지 믿어주고 지원해주는 최 사장이야말로 진정한 주군이며, 자신의 남은 생은 최 사장을 위해 산다고 해도 아깝지 않겠다는 생각을 했다.

S에프엔씨는 이미 경매에 들어가 있던 동대문 시장 소재 10층짜리 주상복합건물을 낙찰받아 리모델링해서 다시 분양하는 프로젝트를 진행하기로 했다. 박 차장이 S에프엔씨의 대표이사였지만 S에프엔씨의 대주주인 최 사장이 모든 결정을 했고 박 차장은 실무자 역할을 담당했다. 대표이사가 보관해야 하는 법인 인감 도장도 S유통의 최 사장 비서실에서 직접 관리했다.

S에프엔씨는 동대문 건물을 낙찰받기 위해 A상호저축은행으로

부터 300억 원을 대출받기로 했다. 그 과정에서 모기업인 S유통 법인, S에프엔씨의 대표이사인 박 차장, 대주주인 최 사장이 연대보증인이 되어 대출 서류에 사인을 했다.

S에프엔씨가 설립된 지 3년 후, 회사는 다섯 개의 대형 부동산 프로젝트를 진행 중이었다. 그 과정에서 박 차장이 연대보증한 대출액은 거의 1000억 원에 육박했다. 또 추가 대출을 받기 위해 자회사를 몇 개 더 설립해야 했는데, 믿을 만한 사람을 대표이사로 세워야 한다는 최 사장의 요청에 따라 박 차장의 동생, 처남 등이 대표이사로 이름을 빌려주면서 박 차장의 친인척 상당수가 대출에 연대보증을 서게 되었다.

그러던 어느 날 일이 터지고 말았다.

동시에 몇 개의 프로젝트를 무리하게 진행하다 보니 부동산 전체 분양률이 30퍼센트에도 미치지 못하는 사태가 발생한 것이다. 대출금 상환 기한이 지나자 상호저축은행은 대출금을 갚으라는 압박을 계속해왔다. 그 과정에서 최 사장은 사채업자로부터 급전을 조달하기 시작했고, 아랫돌 빼서 윗돌 괴는 상황이 반복되다 보니 모기업인 S유통과 S에프엔씨를 포함 전 계열사가 모두 부도 처리되었다. 아울러 대출 과정에서의 비리와 인허가 과정에서 관계 공무원에게 뇌물을 준 정황이 적발되어 최 사장은 구속되고 말았다.

박 차장은 근 1년간을 이리 뛰고 저리 뛰면서 뒷수습을 하기 위해 최선을 다했다. 하지만 버팀목 역할을 하던 최 사장의 빈자리가 너무 컸고, 갚아야 할 부채 규모는 박 차장이 어떻게 해볼 수 있는 수준이 아니었다.

박 차장은 S에프엔씨의 대표이사로 거의 1000억 원에 달하는 채무의 연대보증인이었다. 거기다 부실한 사업 계획을 근거로 상호저축은행을 속여서 대출을 받은 것이 문제가 되어 금융감독원으로부터 사기죄로 고발된 후 검찰의 수사를 받게 되었다. 박 차장의 말만 믿고 이름을 빌려준 그의 동생 역시 200억 원의 채무보증인으로 신용불량자가 되었고, 사채업자로부터 협박까지 받았다. 박 차장의 동생은 "나는 이름만 빌려준 것이다"라고 항변했지만 소용이 없었다. 결국 그 과정에서 박 차장의 동생은 부인과 이혼하고 스스로 목숨을 끊었다.

나는 사건을 위임받아 열심히 박 차장을 변호했으나 결국 그는 사기죄가 인정되어 징역 3년형을 선고받고 현재 복역 중이다.

변론 준비를 하면서 여러 차례 박 차장을 만났는데, 박 차장은 최 사장으로 인해 본인뿐 아니라 그의 가족, 친척들이 불행하게 됐음에도 불구하고 최 사장을 원망하지 않았다. 자신이 가장 힘든 순간에 선뜻 손을 내밀어 준 최 사장에 대한 고마움이 워낙 컸기 때문에 자신에게 닥친 불행과 고통을 기꺼이 받아들여야 한다고 생각하는 것 같았다.

아마 박 차장이 최 사장으로부터 그런 은혜를 입지 않았다면 최 사장이 박 차장에게 지속적으로 무리한 요구를 하지 않았을 테고, 박 차장 역시 최 사장의 요구를 어느 정도 선에서 거절했을 것이다. 하지만 이미 건네진 한 번의 큰 호의가 박 차장으로 하여금 거절을 할 수 없게 만들어버렸다.

크게 베풀면 직원은 충성으로 보답한다

그렇다면 박 차장은 어째서 최 사장의 무리한 요구를 거절하지 못했을까. 이에 대한 이론적 근거를 제시한 사회심리학자가 있다. 프리츠 하이더(Fritz Heider)는 "사람은 사고·느낌·신념·행동 등의 인지 요소들이 조화를 이루고 일관성을 띠도록 균형을 유지하고자 한다"는 '균형 이론'을 주장했다.

그의 주장에 따르면, 사람은 기본적으로 상대방과 나 사이의 감정의 불균형을 해소하려는 본능을 갖고 있다. 예를 들어, 다른 사람이 자신을 좋아하거나 존경한다는 생각이 들면 그 감정에 보답하겠다는 마음을 자연스레 갖게 된다. 또한 상대방이 양보를 하게 되면 그 마음의 빚으로 인해 나도 한 번은 양보해야겠다는 생각이 든다. 요컨대 어떤 이에게 호의를 베풀면 호의를 받은 사람은 이를 다시 되돌려주고 싶은 마음이 생기는 것이 사람의 일반적인 마음이라는 것이다.

조직의 리더는 조직원들이 자신에게 충성을 다해줄 것을 기대하면서, 과연 어떻게 해야 그 충성을 이끌어낼 수 있을지에 대해 고민한다. 이에 대해 한비자는 리더가 '커다란 은혜를 베풀면' 조직원들을 감동시켜 충성을 이끌어낼 수 있다고 설명한다.

다음은 〈외저설 좌상〉편에 소개된 일화다.

오기(吳起)가 위나라의 장군이 되어 중산국(中山國)을 공격할 때, 그의 부하 중에 등창이 발병하여 몹시 앓고 있는 병사가 있었다. 그러자 오기는 무릎을 꿇고 앉아 자신의 입으로 직접 고름을 빨아냈다. 그런데 옆에서 그 광경을 바라보던 병사의 어머니가 눈물을 흘리는 것이 아닌가! 그것을 이상히 여긴 어떤 사람이 이렇게 물었다.

"장군께서 당신의 아들을 저토록 아끼고 보살펴주시는데, 당신은 왜 우는 것이오?"

그러자 그 어머니가 대답했다.

"예전에 저 애의 아버지가 등창에 걸렸을 때에도 오 장군이 고름을 빨아주었습니다. 그때 아이 아버지는 그 은혜에 감동하여 목숨을 걸고 싸우다가 전사하고 말았습니다. 그런데 지금은 내 아들의 고름까지 빨아주셨으니 저 애도 곧 목숨을 걸고 싸울 것이 아닙니까? 그러니 전쟁터에서 전사하기 십상이지요. 그래서 슬퍼하는 것입니다."

유가(儒家)에서는 이 이야기를 연저지인(吮疽之仁), 즉 '종기의 고름을 빨아주는 어진 마음'이라 하며 "윗사람은 아랫사람을 자식을 대하듯이 인자함으로 대해야 한다"는 가르침을 나타내는 대표적인 사례로 인용한다. 즉 유가의 입장에서 바라보면 이 이야기는 아랫사람을 사랑으로 보살펴주는 윗사람에 대한 미담(美談)이라 할 수 있다

하지만 한비자는 같은 이야기에 대해 다른 식으로 접근한다. 즉 오기 장군이 부하의 고름을 빨아준 행위를 인자함이나 자비심의 발로로 보지 않는다. 한비자는 오기 장군의 행위는 결국 자신의 성과를 위한 것이었다고 냉철하게 분석한다. 윗사람이 베푸는 커다란 호의와 은혜는 아랫사람에게 더 큰 감동과 함께 마음의 빚으로 남을 것이며, 그로 인해 부하는 물불 안 가리고 윗사람에게 충성하며 명령을 따를 것이기 때문이다. 한비자는 오기 장군의 행위가 옳은지 여부를 따지지 않는다. 커다란 호의를 베풀어 부하의 감성을 건드리는 것이 리더로서 조직 구성원의 충성을 담보할 수 있는 훌륭한 전략이 될 수 있음을 이야기할 뿐이다.

은혜를 베푸는 것도 통치술이다

사실 박 차장의 사례와 오기 장군의 사례는 극단적인 측면이 있다. 리더가 아랫사람에게 베푸는 호의가 반드시 부하의 희생을 요구하는 것은 아니다. 다만 우리는 이 사례를 한비자가 말한 '군주의 통치술'이라는 측면에서 살펴보아야 한다.

리더가 예기치 않은 순간에 조직원이 상상하는 이상의 호의를 베풀 경우, 이는 조직원들의 뇌리에 깊이 각인된다. 즉 몇 번의 자그마한 호의가 아니라 한번의 큰 호의가, 그것도 정말 필요한 순간에 주어지게 되면 조직원의 마음도 크게 움직인다. 이렇게 심어진 호의는 언제 어느 때 다시 돌아오게 될지 모른다.

조직원들의 마음에 깊은 생채기를 낼 경우 언젠가 그것이 복수로 이어질 수 있듯이, 조직원들의 마음에 깊은 감동을 준다면 이는 더 큰 보답으로 되돌아올 가능성이 크다. 때문에 리더는 과연 조직원들에게 어떤 방식으로 기억에 남을 만한 큰 호의를 베풀 수 있을지 고민해야 한다.

이 말은 반대로 자신이 받은 큰 호의에 대해서는 객관성을 유지해야 한다는 뜻이다. 누군가로부터 받은 호의가 자칫 잘못하면 자신의 이성적인 판단을 방해하는 장애물이 될 수 있다. 다소 냉정하게 보일지는 몰라도 CEO라면 상대방으로부터 호의를 받았다고 해서 반드시 나도 똑같은, 아니 그 이상의 호의를 베풀어야 한다는 마음의 셈법을 초월할 필요가 있다.

다시 한번 분명하게 알아두어야 할 것은, 한비자는 리더에게 선량함이나 인간적인 베풂을 요구한 것이 아니라는 점이다. 리더는 법을 토대로 엄격하게 부하 직원들을 통솔해야 하는데, 통솔의 한 가지 방법으로 '상대가 원하는 것을 원하는 때에 제대로 주는 커다란 호의'를 말한 것이다. CEO의 호의가 커다란 힘을 가질 수 있는 이유는 리더라는 자리가 가진 위상 때문이다. 그러므로 아랫사람에게 호의를 베풀 때에도 그것이 개인이 아닌 리더로서 베푸는 호의라는 점을 잊어서는 안 된다.

리더는 풀을 저절로 눕게 하는 바람이어야 한다

군주는 두 개의 눈으로 나라 전체를 보고 있지만
온 나라는 만 개의 눈으로 군주를 본다.

《한비자》 제34편 〈외저설 우상外儲說 右上〉

━━━━━━━━ S전선의 윤 대표는 선친이 창업한 회사를 물려받은 2세 경영인이다. 돌아가신 선친은 자수성가 사업가들이 대개 그렇듯이 강력한 리더십과 카리스마로 직원들을 대했다. 모든 사항을 직설적으로 지시하고 에둘러 가는 법이 없었다.

경영권을 물려받은 윤 대표는 선친이 만든 회사 분위기를 좀 바꾸고 싶다는 생각이 들었다. 선친의 일방적인 지시 스타일이 효율성이라는 측면에서는 좋을지 몰라도 직원들이 진심으로 그 지시에 따른다는 느낌을 받지 못했기 때문이다. 더구나 S전선에서 오랫동안 선친과 함께한 임원들 대부분은 자신보다 나이가 훨씬 많았다. 자신이 대표라지만 임원들에게 선친처럼 일방적인 지시로 의사를 전달하는 것은 적절치 않다는 생각이 들었다. 명확한 커뮤니케이션이 필요한 업무 사항을 제외하고 나머지 업무 외적인 부분, 특히 직원들의 자기계발에 관한 사항이나 CEO의 속마음을 공유하기 위한 소통에서는 선친의 방식이 아니라 간접적으로 의견을 전달하는 방식을 택해보기로 했다.

그러던 중 윤 대표는 우연히 '협상 교육'을 듣게 되었는데, 교육을 듣고 보니 임원들이나 영업 담당 직원들은 반드시 협상에 대해 공부를 하면 좋겠다는 생각이 들었다. 예전의 선친 같았으면 "당장 직원들 차출해서 협상 교육을 시켜라!"하는 식으로 지시를 했을 테고, 직원들은 반강제적으로 교육을 들었을 것이다.

하지만 윤 대표는 그렇게 접근하고 싶지 않았다. 그는 임직원들과 회의를 하고 마칠 때쯤에 자신이 보고 있는 협상 관련 책을 보여주면서 "요즘 참 재미있게 읽는 책입니다. 업무에 큰 도움이 됩니다"라고 가볍게 소개를 했다. 그리고 책의 일부분을 인용해 직접 글을 써서 사내 인트라넷에 남기는 한편, 대화 중에도 자연스럽게 요즘 자신의 관심사가 '협상력 강화'라는 점을 드러냈다. 그러면서도 직원들에게 협상을 공부하라는 이야기는 직접적으로 하지 않았다.

그러자 윤 대표가 의도했던 대로 과연 협상에 대해 관심을 보이는 직원들이 하나둘씩 생기기 시작했다. 윤 대표는 협상에 관심 있는 직원들과 따로 티타임을 가지면서 자신이 읽었던 협상 관련 책에 대한 이야기를 나누었다. CEO가 티타임까지 진행하자 차츰 더 많은 직원들이 이 주제에 관심을 갖게 되었다. 마침내 직원들이 자청해서 협상 교육을 받겠다고 보고를 올리는 일까지 벌어졌다.

윤 대표는 내게 협상에 관한 교육을 의뢰하면서 강의를 할 때 강조했으면 하는 사항으로 자신이 썼던 간접적인 권유 방식을 설명했고, 그 이야기를 들은 나는 무릎을 쳤다.

"사실 직원들에게 주문하고 싶은 것들이 많긴 해요. 회사가 발전하려면 직원들의 역량이 그만큼 향상되어야 하거든요. 하지만 사장 입장에서 이거 해라, 저거 해라 계속 강요하면 조직원들은 잔소리로 생각하고 반감을 갖더라고요. 그래서 방법을 바꿨죠. '이거 좋던데? 정말 대단하던데? 혹시 들어봤어요?'라는 식으로 제가 무엇에 관심을 갖고 있는지 반복해서 드러내는 거죠. 그러다 보면 자연스럽게 직원들도 관심을 갖는 것을 발견하곤 합니다."

모든 사람들이 리더를 지켜보고 있다

한비자는 〈외저설 우상〉편에서 신하나 백성들은 군주를 항상 주시하고 있지만 군주는 신하나 백성들을 샅샅이 살펴볼 수 없으므로, 엄정한 법을 세우고 치밀한 술로써 이들을 다스려야 한다고 주장하면서 "군주는 두 개의 눈으로 온 나라를 보고 있지만, 온 나라는 만 개의 눈으로 군주를 보고 있다"라는 문장을 남겼다.

원래 이 문장의 속뜻은 군주는 그만큼 노출되어 있는 존재이므로 항상 조심하고 경계해야 한다는 점을 강조하는 것인데, 이를 뒤집어 해석하면 신하와 백성은 항상 군주를 예의주시하면서 그의 일거수일투족에 관심을 가진다는 의미도 된다.

함수관계에는 '독립변수'와 '종속변수'가 존재한다. 독립변수는 다른 변수의 변화와 관계없이 독립적으로 변화하는 반면에, 종속변수는 독립변수의 변화에 따라서만 변화된 값으로 움직인다. 이를 회사 조직에 적용하면 CEO를 독립변수, 임직원들을 종속변수라 할 수 있을 것이다.

물론 CEO 역시 임직원들로부터 피드백을 받으면서 자신을 변화시킬 수 있기 때문에 순수한 독립변수만으로 보기는 어렵겠지만,

큰 틀에서 본다면 적어도 CEO가 임직원들 간의 관계에서는 독립 변수로 존재하는 속성이 강하다는 점에 대해서는 이견을 달기 어려울 것이다.

한비자는 군주의 행동이 미치는 파급 효과에 대해 〈내저설 상 칠술〉편에서 다음의 두 이야기를 소개한다.

송나라의 숭문(崇文) 안 거리에 사는 사람이 부모상을 치르느라 몸을 상하여 몹시 여위었다. 군주가 이를 알고는 부모에게 효심이 깊다고 생각하여 그를 관리로 임명했다. 그러자 이듬해 그 거리 사람들 가운데 여위어서 죽는 자가 한 해에 십여 명이나 되었다.

월(越)나라 왕이 오나라를 치고자 계획했다. 사람들이 목숨을 가볍게 던지기를 원하여 밖에 나갈 때 힘을 주고 버티고 있는 두꺼비를 만나면 경례를 올렸다. 시종이 물었다.
"왜 하찮은 두꺼비에 경례를 하십니까?"
그러자 월왕이 대답했다.
"비록 두꺼비에 불과한 미물이지만 기개가 있지 않느냐?"
그러자 그 이듬해 월나라 사람들 가운데 자기 머리를 바치겠다고 하는 자가 한 해에 십여 명이나 되었다.

즉 군주가 "내 신하들은 이러했으면 좋겠다"라고 일일이 이야기하지 않아도 무언가를 언급하고 관심을 보이거나 칭찬을 함으로써 신하들을 원하는 방향으로 통솔할 수 있다.

리더는 큰 바람을 일으켜 풀을 눕게 하는 사람이다

윤 대표는 CEO가 모든 조직원에게 노출되어 있고, 그만큼 영향력이 있다는 사실을 최대한 긍정적으로 활용해 자신의 의견을 저항감 없이 전파했다. 이러한 방식은 다소 에둘러 가는 듯한 느낌이 들지만 몇 가지 확실한 장점도 있다.

첫째는 '자발성'을 유도한다는 점이다. 리더의 일방적인 지시가 아니라 리더의 관심을 먼저 보여주고 난 후 직원들의 자발성을 유도함으로써 직원들은 리더가 원하는 일을 하면서도 '내가 스스로 선택한 일'이라는 인식을 갖게 된다. 이렇게 자신이 선택한 일로 받아들이게 되면 그 일에 대한 정당성을 일방적으로 지시를 받은 경우보다 훨씬 더 강력하게 느끼게 된다. 이를 심리학에서는 '확증편향(confirmation bias)'이라고 한다. 내가 선택했기 때문에 더 큰 정당성을 부여하는 편향된 결과를 낳았다는 의미다.

둘째, 리더에 대한 민감도를 체크해볼 수 있다. 리더가 간접적으로 자신의 관심사를 표명하는 과정에서 어느 임직원이 어떻게 반응하는지를 살펴볼 수 있는데, 이때 그들의 리더에 대한 민감도를 확인할 수 있는 것이다. 리더의 관심사에 예민하게 반응하는 임직원과 그렇지 못한 임직원을 구분할 수 있다면 조직을 경영하는 데에 큰 도움이 된다.

그런데 여기서 한 가지 주의할 점이 있다. 만약 리더의 관심이 특정 한 사람에게 쏠린다면 문제가 생길 수 있다. 다음은 〈내저설 하 육미〉편에 소개된 이야기로, 그저 권세가의 측근이라는 인상을 주는 것만으로도 이익을 얻는다는 점을 보여주고 있다.

정곽군(靖郭君)이 제나라 재상으로 있을 때, 하루는 옛 친구와 더불어 오랫동안 이야기를 나누게 되었는데 그 이유 하나만으로 그 친구는 갑자기 부자가 되었다. 왜냐하면 그가 재상과 가까운 친구 사이라는 것을 알고 사람들이 앞다투어 선물을 바쳤기 때문이다. 그리고 정곽군이 가벼운 인사치레로 측근에게 손수건을 건네주자 그 측근은 이로 인해 권세를 휘두르게 되었다. 왜냐하면 그가 재상의 총애를 받는 줄 알고 모든 사람들이 그에게 아부를 했기 때문이다.

군주의 측근이 무서운 이유는 바로 여기에 있다. 윗사람과 가까이 있다는 것만으로도 그 사람에게 후광이 비치기 때문이다. 이러한 부정적인 후광효과 역시 온 나라의 백성들이 군주를 예의주시하기 때문에 일어나는 일이다.

이는 오늘날 조직 내에도 그대로 적용될 수 있다. 리더와 남다른 친분이 있어 보이는 직원, 즉 '특수 관계'에 있는 듯한 직원이 있다면 다른 직원들에게 부러움의 대상이거나 질투의 대상이 되기 십상이다. 리더가 가진 영향력을 주의깊게 사용하지 않는다면 이것을 교묘하게 활용해 헛된 권력을 탐하는 사람들을 양산할 수도 있다.

공자(孔子)의 말을 빌리자면, 리더는 바람이 되어야 한다. 공자는 "군자의 덕은 바람이요, 소인의 덕은 풀이다. 풀 위로 바람이 불면 풀은 반드시 바람이 부는 방향으로 눕게 마련이다"라고 했다. 리더는 풀 한 포기씩 일일이 잡고 그 방향을 바꾸려 애쓸 것이 아니라 큰 바람을 일으켜 전체 풀의 방향을 바꾸어야 한다.

또 어떤 면에서 리더는 태양이다. 원하든 원하지 않든 리더는 태양계의 태양과 같은 존재일 수밖에 없다. 숱한 행성들이 태양을 따라 도는 것을 막을 수 없는 것처럼 조직원들이 리더의 말과 행동에 영향을 받는 것은 피할 수 없다. 따라서 리더는 자신의 무심한 행동이나 말이 조직에 악영향을 끼칠 수 있음을 인지하면서도, 다른 한편으로 어느 정도 계획된 언행은 또 다른 선의의 파급 효과를 불러일으킬 수 있다는 사실도 기억해야 할 것이다.

자, 이제 어떤 방향으로 바람을 불게 할 것인가? 스스로 바람이 되어, 태양이 되어, 조직원들을 어떤 방향으로 향하게 할지는 오롯이 리더가 고민해야 할 몫이다.

법과 술을 행하기 위해 꼭 필요한 것이 '세', 즉 '권력'이다.

한비자는 권력을 '높은 산에 우뚝 솟은 나무'에 비유하면서

평지에 있는 나무는 아무리 키가 커도

높은 산에 있는 나무보다 더 먼 곳을 볼 수는 없다고 말한다.

더 나아가 군주가 나라를 다스릴 수 있는 것은

권력을 가진 자리에 있기 때문이지 현명하거나

유능해서가 아니라고 이야기한다.

이 장에 들어가기 전에 유념해야 할 것은 한비자가 말한 권력의 의미를

독단적인 권력을 휘두르는 것으로 해석해서는 안 된다는 점이다.

오히려 한비자는 리더에게는 다른 사람과 절대 나눌 수 없는

권한과 책임이 존재한다는 점을 냉정하게 지적하면서

도망가거나 회피하지 말고 끝까지 책임을 다할 것을 강조하고 있다.

리더의 무게를 오롯이 견뎌낼 수 있을 때 진정으로

강해진다는 것을 이해한다면 당신의 조직은 한층 더 단단해질 것이다.

제 3 장

세: 권한과 책임에 대한 통찰

리더의 권한과 책임은 누구도 대신할 수 없다

대저 왕량이나 조보의 솜씨로도 고삐를 함께 잡고
부리면 말을 가게 할 수 없음이니,
군주가 어찌 신하와 권력을 함께 가지고 다스릴 수 있겠는가.
전련과 성규의 솜씨로도 거문고를 함께 타면 곡을 이룰 수 없음이니,
군주가 또 어찌 신하와 위세를 함께 가지고
공적을 이룰 수 있겠는가.

《한비자》 제35편 〈외저설 우하外儲說 右下〉

━━━━━━━ IT 업종인 K사를 설립한 홍 대표, 그는 미국에서 오랫동안 유학 생활을 했고 공부를 마친 후에는 실리콘밸리의 벤처기업인 W사에서 몇 년간 직장 생활을 했다. 홍 대표가 일했던 실리콘밸리의 W사에는 직원들로 구성된 '운영위원회'가 있었는데, 그 운영위원회는 CEO와 독립적으로 움직이면서 직원들의 신규 채용, 인사고과에 관련된 사항을 최종적으로 심의하고 결정했다. 홍 대표는 이 운영위원회에서 활동하면서 한국에서 흔히 보던 CEO의 일방적 상명 하달식 소통이 아니라 수평적인 협의를 통해 중요한 사항을 결정하면서 직원들이 자발적인 주인 의식을 갖는 것을 경험할 수 있었다.

홍 대표는 회사가 어느 정도 자리를 잡자 자신이 미국에서 경험했던 운영위원회 제도를 도입하기로 결정하고 회사 정관을 개정하여 운영위원회 규정을 추가했다. 그는 여러 부서의 임직원들을 골고루 섞어 운영위원회를 구성한 뒤, 자신은 운영위원회에 일절 관여하지 않을 것이며 채용 및 인사고과에 대한 부분은 운영위원회에 일임할 것이라고 공언했다.

그런데 운영위원회가 본격적으로 활동을 시작하면서 직원들에 대한 인사고과를 매기기 시작하자 홍 대표가 미처 생각하지 못했던 문제점들이 나타났다. 그중에서도 가장 심각한 문제는 직원에 대한 운영위원회의 평가 기준과 홍 대표의 평가 기준이 크게 다르다는 점이었다. 홍 대표는 '회사에 대한 기여도'와 '회사에 대한 충성도'를 중요한 판단 기준으로 삼았던 반면, 운영위원회에서는 '기여도'와 '충성도'라는 기준은 정량화하기 어렵다는 이유로 과소평가하면서 '직원들 상호 간의 화합 정도'에 더 큰 비중을 두었다. 사실 '화합 정도'라는 것이 정량화하기 더욱 어려운 것인데도 말이다.

막상 운영위원회가 매긴 인사고과표를 보니 홍 대표가 생각하기에 애사심이 깊고 헌신적인 직원들의 평가가 상대적으로 낮았다. 반대로 몇몇 임원들이 개인적으로 좋게 평가하는 직원들 중에 좋은 점수를 받은 경우가 있었다. 낮은 인사고과를 받은 직원 몇몇이 홍 대표에게 부당함을 호소했지만, 홍 대표는 운영위원회에 관여하지 않겠다고 이미 공언한 터라 운영위원회의 결정을 뒤집기란 쉽지 않았다. 분명히 좋은 취지로 시작한 제도였는데, CEO와 직원들 간의 인식 차이를 드러내게 하는 계기만 된 셈이었다.

홍 대표는 운영위원들에게 직원 평가 시 CEO의 의견을 반영해 줄 것을 완곡하게 요청했는데, 의외로 운영위원들은 부정적인 반응을 보였다. 분명 처음부터 CEO가 일임한 부분인데 지금 와서 말을 바꾸는 것은 적절치 않다는 것이었다. 결국 홍 대표는 운영위원회를 폐지하는 문제에 대해 내게 상의를 해왔다.

아무리 능력이 뛰어나도 두 사람이 말을 부릴 수는 없다

홍 대표는 과연 무엇을 잘못한 것일까?

홍 대표가 운영위원회 제도를 시작하려 한 이유는 직원들로 하여금 경영에 관여하게 함으로써 주인 의식을 높일 수 있는 좋은 계기를 만들 거란 기대 때문이었다. 홍 대표는 W사에서 운영위원으로 활동한 기억을 되살려 자신의 회사에서도 이를 충분히 좋은 제도로 확립할 수 있을 것이라 믿었다.

하지만 홍 대표가 생각하지 못한 함정이 있다. 홍 대표가 W사에서는 '직원'으로 운영위원회에 참여한 것이지만, K사에서는 'CEO'의 지위에서 운영위원회를 바라본다는 점에서 근본적인 차이가 있음을 간과한 것이다.

CEO와 직원의 이해관계는 다를 수밖에 없다. 운영위원회의 활동은 직원의 입장에서 본다면 자신의 권한이 확대되는 것이지만, CEO의 입장에서 본다면 자신의 고유 권한이 침해되는 것으로 전혀 상반된 입장에 놓이게 된다.

한비자의 관점에서 볼 때, 홍 대표는 군주의 가장 중요한 권한인 '인사권'을 함부로 다른 사람에게 나눠주는 경솔한 결정을 했다. 직원들이 먼저 요구한 것도 아닌데 스스로 조직의 질서를 혼란스럽게 만들고 불필요한 분란의 소지를 만들었다는 비판을 면하기 어렵다.

한비자는 군주가 자신의 판단에 따라 신하에게 상이나 벌을 주지 못하고, 누군가의 의견이나 결정에 따라서만 상이나 벌을 주게 된다면 제왕의 권위는 추락하게 됨을 경고하고 있다.

한비자가 〈외저설 우하〉편에서 든 예를 살펴보자.

> 왕량(王良)과 조보(造父)는 말을 잘 부리기로 유명한 사람들이
> 다. 그러나 왕량으로 하여금 말의 왼쪽 고삐를 잡고서 말을 꾸짖게
> 하고 또 조보로 하여금 말의 오른쪽 고삐를 잡고서 채찍질을 하게
> 한다면 말이 십 리도 갈 수 없으니 그 이유는 말 부리는 것을 함께
> 하기 때문이다.
>
> 전련(田連)과 성규(成竅)는 거문고를 잘 타기로 유명한 사람들이
> 다. 그러나 전련이 위를 퉁기고 성규가 아래를 누른다면 곡을 이룰
> 수 없으니 이 역시 거문고를 함께 타려 하기 때문이다. 이처럼 왕량
> 이나 조보의 신과 같은 솜씨로도 고삐를 함께 잡고 부리면 말을 가
> 게 할 수 없다. 군주가 어찌 신하와 권력을 함께 가지고 다스릴 수
> 있겠는가. 전련과 성규의 뛰어난 거문고 솜씨로도 거문고를 함께
> 타면 곡을 이룰 수 없다. 군주가 또 어찌 신하와 위세를 함께 가지
> 고 공적을 이룰 수 있겠는가.

이러한 한비자의 지적에 대해서 이렇게 반론을 제기할 수도 있
을 것이다.

"그렇다면 권한을 위임하지 말라는 것인가? 한 사람이 모든 것
을 다 책임질 수 없다. 또한 현실적으로 전문성을 요구하는 분야도
존재한다. 더구나 한비자도 훌륭한 군주는 권한과 책임을 제대로

나눠주는 군주라고 하지 않았는가?"

한비자는 권한의 위임 자체를 부정하는 것이 아니다. 그는 저서 곳곳에서 군주는 자신의 일을 최소한으로 줄이면서 신하들로 하여금 최선의 노력을 다하게 해야 한다고 강조하고 있다. 군주가 모든 일을 다 하라고 권유하는 것이 한비자의 뜻은 아니다.

《삼국지》의 제갈량도 이른 새벽부터 늦은 밤까지 일에만 몰두하다가 건강을 해쳤고, 결국 뜻을 이루지 못한 채 세상을 떠났다. 제갈량처럼 뛰어난 인물도 세세한 부분까지 자신이 직접 챙기다가 결국 큰 뜻을 이루지 못했는데 그보다 평범한 우리가 어찌 그 모든 것을 할 수 있겠는가. 한비자가 강조한 것은 단순히 권한을 독점할 것인가 혹은 위임할 것인가의 문제가 아니다.

권한을 위임하되 비본질적인 권한만 위임하라

한비자는 권한과 책임을 나눠줄 때 군주의 '본질적인 권한'만큼은 분산되어서는 안 된다고 말한다. 즉 자신의 권한 중 본질적인 부분이 무엇인지를 잘 파악하고, 그 본질을 '위임이나 분권'이라는 미명 아래 허투루 바깥으로 내돌려서는 안 된다. 그렇게 되면 조직의 운용에 있어 심각한 폐해를 불러올 수 있기 때문이다.

예를 들면 조직 구성원에게 징계를 행사할 경우 징계를 할 것인지에 대한 판단은 CEO가 하되, 그 징계의 구체적인 수위를 결정하는 것은 담당 임직원에게 맡기는 것이 가능하다. 하지만 징계를 할 것인지 여부 자체에 대한 판단을 신하에게 맡기는 것은 피해야 한다는 것이 한비자의 주장이다.

조직이 놓여 있는 상황에 따라 다를 수도 있다. 예를 들어 매출 700억 원 규모의 중견기업인 T사의 윤 대표는 자신이 약한 회계 분야에서만 전문가의 도움을 받고 있다. 연구 기술을 바탕으로 하는 기업이라 개발 업무만큼은 윤 대표가 장악이 가능했지만 실제 재무회계와 관련된 분야는 전공이 아니다 보니 업무에 어려움이 많았다. CEO는 모든 업무를 알아야만 한다는 신념으로 책과 동영상 강의까지 참고하며 공부했지만 회사가 커지자 직접 관장하는 것이 힘들어졌다. 결국 회계 전문가를 영입한 뒤 자신의 주력 업무인 신제품 개발, 신규 비즈니스 모델 구축에 더 많은 시간을 쓸 수 있게 되었다. 그렇지만 이런 경우에도 어디까지나 최종 보고를 확인하고 결정하는 일은 윤 대표의 몫이었지 모든 권한과 책임을 위임한 것은 아니었다.

무엇보다 잘못 넘겨버린 권한은 다시 가져오기 어렵다는 점을 알아야 한다. 필연적으로 반발이 따를 수밖에 없기 때문이다. 본래 권한이라는 것은 그 속성상 처음에 군주에게 물려받게 될 때는 고마운 마음을 갖게 되지만, 그 권한을 계속 행사하다 보면 마치 그 권한이 군주에게 위임받은 것이 아니라 애초부터 자기에게 속해 있었던 것으로 착각하게 된다. 따라서 군주가 훗날 이를 제한하려 할 경우 신하는 반발을 하거나 크게 실망할 가능성이 크다. 그만큼 박탈감은 사람에게 분노를 일으키게 하는 특성이 있다.

리더는 홀로 결단해야 하는 고독을 감당해야 한다

지난 역사적 경험에 비추어볼 때 우리는 '독재', '독단'이라는 말에 대해 본질적인 거부감을 갖고 있다. 반면에 '민주적', '수평적'이라는 말은 상대적으로 좋은 평가를 받는다. 실제 경영 일선에 있는 CEO들 중에는 스스로 독재적인 리더로 비치는 것에 대해 알레르기 반응을 보이는 사람들이 있다. 그들은 "저는 항상 소통을 강조하고 민주적인 절차를 중시하는 리더입니다"라고 강조한다.

그러나 민주적인 방식을 기계적으로 적용하다 누구도 책임을 지지 않게 되거나 엉뚱한 결정을 하게 되는 폐해에 빠지게 되듯 권한과 위임의 문제를 단편적으로 일괄 적용하는 것은 위험하다. 어쨌든 조직을 장악하고 있는 최고 권력자는 본질적으로 홀로 결단을 내리고 최종적인 책임까지 부담해야 할 수밖에 없기 때문이다.

조직과 업무의 특성에 맞게 엄밀하게 검토하고 신중하게 권한을 위임한다면 모를까, 단지 리더로서의 책임을 덜고 싶다거나 충동적으로, 혹은 '남들이 다 그렇게 하니까'라는 이유로 이루어져서는 안 된다. 리더가 모든 권한과 책임을 누군가에게 넘기더라도 그 결과는 다시 리더에게로 돌아오게 된다는 것을 잊지 말기 바란다.

리더가 가진 정보는 곧 힘이다

군주의 속이 깊지 않아서 마음속 생각을 쉬이 간파당하고,
기밀을 흘려서 간직하지 못하며,
주도면밀하지 못해 신하들의 말이 새나가면
그 나라는 망할 위험이 크다.

《한비자》 제15편 〈망징亡徵〉

━━━━━━━ G테크의 배 사장은 스스로를 '설득을 통해 문제를 해결하는 설득가'라고 부른다. 그는 회사 내에서 자신의 정책에 대해 이해도가 떨어지거나 반대 의사를 표명한 사람이 있으면 일대일로 만나서 설득 작업을 펼친다. 배 사장은 직원들에게 그저 "따라와!"라고 윽박지를 것이 아니라 다소 힘들더라도 이런 설득 작업을 통해 이해시키는 것이 올바른 자세라고 믿었다. 그리고 그런 자신의 리더십 철학을 자랑스럽게 생각했다.

임직원들과 적극적으로 소통한다는 측면만을 놓고 본다면 배 사장의 이러한 태도는 문제될 것이 없고 오히려 칭찬할 만한 것이다. 그런데 여기서 한 가지 문제점은 '직원들을 설득해야 한다'는 것에 너무 집착한 나머지 그 설득 과정에서 무리수가 따른다는 점이다.

예를 들면 이런 식이다. 그는 자신의 주장을 관철시키려고 이런저런 근거를 가져와 이야기를 하다가 그래도 잘 안 풀리는 것 같으면 상대의 사내 평판을 슬쩍 언급했다.

"이 부장, 사실 이 부장의 부서 장악력에 대해서 다소 비판적인 이야기들이 많아요."

배 사장은 이런 방식의 논법을 통해서 '당신의 생각이 항상 옳은 것은 아니다'라는 메시지, 그리고 '나에게 당신에 대한 부정적인 정보가 들어오고 있지만 나는 그래도 당신을 신뢰하고 있다'라는 뜻을 같이 전달하려 했다. 일종의 당근과 채찍 전술인 셈이다.

하지만 이런 이야기를 듣게 되는 상대방은 발끈할 수밖에 없고, 도대체 누가 그런 이야기를 하는지 반문하게 된다. 처음에는 배 사장도 이야기를 하지 않으려 버티지만 결국에는 평판의 발설지를 실토하고야 말았다.

"이건 당신을 위해서 하는 이야기니 듣고 흘리세요. 최근에 이 부장과 같이 프로젝트를 진행한 영업부서에서 나오고 있는 이야기입니다."

하지만 듣는 입장에서는 이미 귀에 담은 말을 흘려버리는 것이 어디 쉬운 일인가. 또한 '당신을 위해서'라는 말 역시 듣는 입장에서는 허망하기 짝이 없는 겉치레일 뿐이다.

결국 배 사장은 상대를 설득하려다 자신의 속마음을 간파당한 것은 물론이고, 특정 직원에 대한 사내의 풍문이나 평가 등 사장으로서 직접 보고받은 내용까지 누설하고 말았다. 비록 배 사장 스스로는 좋은 취지에서 시작한 이야기겠지만 오히려 리더의 권위를 떨어뜨리고 직원들에게 불신을 심어주는 형국인 것이다.

나는 G테크를 떠나게 된 어느 부장으로부터 뒤늦게 이 이야기를 듣고 왜 배 사장의 주변 사람들이 자꾸 회사를 떠나는지를 이해하게 되었다.

리더의 입은 무거울수록 가치가 빛난다

CEO는 회사 조직의 최고 정점에 있는 사람이기 때문에 자신이 원하든 원치 않든 모든 정보들을 접하게 된다. 나아가 임직원들은 다양한 정보를 '자신의 시각을 가미하여' CEO의 입맛에 맞게 재가공한 후 전달하게 되는데, 이 과정에서도 CEO는 필요 이상의 다양한 평판이나 풍문을 들을 수밖에 없다.

그런데 CEO가 이 정보들을 마음속에 잘 갈무리하지 못하고 어설프게 무기로 사용할 경우, 이는 예기치 못한 부정적인 영향을 낳을 뿐 아니라 당사자에게 상처를 줄 수 있다.

그래서 한비자는 군주가 여러 경로를 통해 취득한 정보를 신하들에게 누설하는 것은 어리석은 일이며 절대 금해야 한다고 강조하면서 〈외저설 우상〉편에서 다음 예화를 소개한다.

당계공(堂谿公)이 소후(昭候)에게 "만일 천금 나가는 옥 술잔이 있다 하더라도 속이 텅 비어 바닥이 없다면 물을 담을 수 있겠습니까?"라고 물었다.

소후가 말했다.

"할 수 없다."

"그러면 질그릇이 있어서 새지 않는다면 술을 담을 수 있겠습니까?"

소후가 "할 수 있다"고 말했다.

당계공은 소후에게 이렇게 답했다.

"질그릇이란 지극히 하찮은 것이지만 새지만 않는다면 술을 담을 수 있습니다. 그러나 비록 천금 나가는 옥 술잔이 있어 대단히 귀중하더라도 바닥이 없어 새고 물을 담을 수 없다면 그 누가 마실 것을 부으려 하겠습니까. 만일 군주가 되어 신하들의 말을 누설한다면 이는 마치 바닥없는 옥 술잔과 같은 것입니다. 비록 훌륭한 지혜가 있더라도 그 술수를 다하지 못하는 것은 바로 누설 때문입니다."

군주가 아무리 옥으로 만든 술잔처럼 고귀한 자리에 있는 존재여도 현명하지 못하여 신하들의 말을 누설한다면 흙으로 빚은 하찮은 질그릇만도 못한 존재가 될 수 있다는 것이 한비자의 엄중한 가르침이다.

리더는 자신의 생각을 반드시 이해받아야 할까

그렇다면 배 사장은 소통형 CEO를 강조하면서 왜 다른 사람의 말을 누설했을까? 나는 배 사장이 CEO로서 자신의 정책과 생각에 대해 임직원들의 지지를 얻어내야만 한다는 강박관념을 갖고 있었던 게 아닐까 하는 생각을 해본다. 흔히 사람들은 누군가를 설득할 때 자신의 생각과 주변 상황 등을 솔직하게 이야기하면 상대가 더 잘 이해해줄 것이라고 생각하니 말이다.

그런데 여기서 다시 의문이 생긴다. 과연 임직원들을 대상으로 설득 작업을 반드시 거쳐야만 하는가? 과연 그런 행동이 조직 전체에 항상 긍정적인 영향을 준다고 할 수 있을까?

최고의사결정권자인 CEO는 자신의 생각과 의도를 임직원들에게 100퍼센트 이해시켜야만 한다는 의무감이나 환상에서 벗어날 필요가 있다. 더 나아가 '여러 임직원들의 다양한 의견을 수렴해서 나가야 할 일'과 '반대를 무릅쓰고라도 CEO의 판단에 의해 추진해야만 할 일'을 구분해서 그에 따른 소통 범위와 방식을 결정해야 한다. CEO가 회사 내에서 제대로 소통을 하지 않고 권한만을 내세우면서 일방통행을 하는 것도 문제지만, 마치 임직원 한 명 한명이 투자자인 양 그들에게 IR(사업설명회)을 하는 것 또한 적지 않은 병폐를 낳는다.

왜냐하면 임직원들이 회사의 미래를 보는 관점은 CEO와 절대 같지 않기 때문이다. 아무리 역지사지를 강조하면서 임직원들에게 CEO의 위치에서 회사의 미래를 생각해보라고 설득해도, 임직원들이 CEO의 입장을 충분히 이해하기를 기대하기는 어렵다고 보는 것이 현실적이다. 임직원들은 철저히 자신들의 입장에 매몰되어 CEO의 정책을 판단할 수밖에 없다.

하물며 훈민정음을 창제한 세종대왕도 자신의 작업을 비밀리에 숨겼다. 그래서 세종이 훈민정음을 반포할 때까지 《조선왕조실록》에는 문자 창제에 관한 언급이 단 한 마디도 없다. 임금의 공식적인 행동과 말이 모두 기록되던 시대였음에도 기록되지 않았다는 것은 그만큼 철저히 숨겼다는 말이다.

그가 한글 창제를 비밀에 부친 것은 시작도 하기 전에 엄청난 반대에 부딪힐 것이 불을 보듯 뻔했기 때문이었다. 나아가 세종이 반대를 무릅쓰고 추진한다면 신하들은 중국의 힘을 빌려 말렸을 것이다. 이러한 현실을 간파한 세종은 지난한 설득 작업이 아니라 정면 돌파를 택했고, 결국 한글이 창제될 수 있었다. 그러지 않았더라면 자신들만 글자를 알면 된다는 사대부들의 우월 의식에 밀려 더 많은 백성들이 편안한 삶을 살 길은 사라졌을지도 모른다.

이렇듯 때로는 임직원들이 따라주지 않는다 하더라도 자신의 판단을 믿고 돌파를 해야 할 순간들이 있다. 모든 사람을 설득하고 지지를 얻어야 한다는 압박감을 버려야 할 때도 있는 것이다.

열심히 직원들을 상대로 IR을 펼쳐서 직원들이 설득된다고 치자. 과연 직원들이 진정으로 설득을 당했다고 할 수 있을까? 물론 그런 경우도 있겠지만, CEO가 목청을 높여가며 자신의 주장이 옳다고 소리치는데 그 어떤 임직원이 계속해서 반대를 할 수 있겠는가. 자신의 노력으로 직원들을 설득했다고 생각하는 것 역시 심각한 오류일 수 있다는 점도 간과해서는 안 된다.

CEO는 자신에게 취합된 정보를 잘 관리해야 하고, 필요한 경우 최소한의 범위에서만 이를 외부에 알려야 한다. 그러지 않고 정보의 공개 수준을 제어하지 못할 경우 임직원들은 CEO의 속마음을 간파하여 자신의 이해관계를 그에 맞추려 할 것이다. 나아가 리더는 더 이상 다양한 고급 정보를 얻지 못하게 될 수도 있다.

사소한 월권행위도 방관해서는 안 되는 이유

추운 것을 싫어하지 않아서가 아니라
다른 직분까지 침범하는 폐해가
추운 것보다 더 심하다고 생각했기 때문이다.

《한비자》 제7편 〈이병二柄〉

━━━━━━━━━ 김 사장은 젊은 나이에 창업하여 직원 100여 명 규모의 IT기업인 S사를 운영 중이다. 김 사장은 자신이 운영하는 회사가 '젊은 회사'로서 순발력을 갖추는 것이 중요하다고 생각해 독특한 직제를 만들었다. 다른 회사처럼 이사를 두지 않고 다섯 개 팀에 각각 팀장을 두어 그들이 대등한 위치에서 사장을 보좌하는 체제를 만든 것이다. 이러한 직제 덕분에 사장을 정점으로 권한이 집중되고, 효율적인 의사결정 및 집행이 가능했다.

그중 경영기획팀장인 권 팀장은 김 사장의 대학 직속 후배다. 권 팀장은 김 사장이 예전 운동권에 있을 때부터 같이 활동했던 사이로, 주변에서도 김 사장의 속마음을 가장 잘 아는 사람이라고 인정받는 사람이었다. 그래서 같은 직급이라도 실제 회사 내에서의 영향력은 권 팀장이 가장 컸다.

경영기획팀장인 권 팀장이 담당하는 업무는 회사 내부 살림과 기획 업무다. 그런데 권 팀장은 사장이 주재하는 팀장 회의에서 다른 팀, 가령 마케팅팀이나 개발팀 팀장이 진행하는 업무에 대해서도 실질적으로 관여하는 일이 많았다. 예를 들어 마케팅팀의 전반적인 마케팅 방향에 대해서 지적하거나 개발팀 인력 운용의 직질성 등에 대해서 구체적인 의견을 제시하곤 했는데, 그 제시의 강도가 상당히 강한 편이라서 마케팅팀장이나 개발팀장의 불만이 점점 커져갔다.

이 문제로 고민하던 김 사장은 내게 이렇게 털어놓았다.

"솔직히 권 팀장은 제가 아끼는 후배입니다. 힘든 시절도 같이 보냈고요. 하지만 이 친구가 공과 사를 구분하지 못하고 팀장 회의 때마다 월권을 행사하는 것이 회사 내부적으로 점점 문제가 되고 있습니다. 언젠가 따끔하게 지적을 하려고 생각했는데 때를 놓쳐버렸어요. 어느새 권 팀장은 이를 당연히 여기고 있고요. 그동안 팀장들이 많이 회사를 떠났는데, 권 팀장의 그런 태도가 영향을 끼친 게 큽니다. 참으로 고민스럽습니다."

권 팀장은 다른 팀장들의 반발에 대해 항상 이런 식으로 대응한다고 한다.

"나는 사장님과 동고동락한 사이다. 따라서 사장님이 여러분에게 말하지 못하는 사정에 대해 누구보다 내가 잘 알고 있다. 내 뜻이 곧 사장님의 뜻인 것으로 알면 된다."

월권행위에는 단호하게 대처하라

이 사례에서 권 팀장은 CEO가 주지 않은 권한마저도 자신의 권한인 양 행세했고, 그 결과 조직에 부정적인 영향을 미쳤다. 이처럼 자신의 권한을 벗어난 행위를 하는 직원은 조직 내에 나쁜 영향을 줄 수 있다. 한비자는 월권행위를 하는 신하에 대해 어떤 조치를 하라고 조언하고 있을까?

〈이병〉편에 다음과 같은 이야기가 나온다.

옛날 한나라 왕인 소후(昭侯)가 술에 취해 잠이 들었다. 이때 군주가 추워하자 전관(군주의 관을 관리하는 벼슬아치)이 보고 군주에게 옷을 덮어주었다. 잠에서 깨어난 왕은 흡족해하며 신하들에게 물었다.

"누가 옷을 덮어주었는가?"

신하들은 이렇게 대답했다.

"전관이 그리 했습니다."

군주는 이 일로 전의(군주의 옷을 관리하는 벼슬아치)와 전관 모두를 문책했다. 전의를 문책한 것은 자신의 임무를 다하지 못했기 때문이고, 전관에게 죄를 물은 것은 자기의 직분을 넘어섰기 때문이다. 추위에 떠는 것을 싫어할 사람은 없지만, 다른 사람의 직분을 침해한 일의 폐해가 추위에 떠는 것보다 더 크다고 생각한 것이다.

어쩌면 이 이야기를 읽으면서 누군가는 '효율성이 최고의 미덕인 현대사회에서 고리타분하게 내 일, 네 일을 따지는 것은 시대착오적이다'라고 생각할지도 모르겠다. 하지만 조직 내에서 자신의 권한과 책임의 영역이 정해져 있는데, 효율성 때문이든 아니면 S사처럼 CEO와의 친분 관계 때문이든 다른 이의 업무 영역에까지 간섭하는 일이 발생한다면 어떤 부정적인 파급효과가 발생할지 진지하게 따져볼 필요가 있다.

B가 자신의 업무를 수행하고 있는데 A가 깊게 관여한 경우를 전제로 생각해보자.

• A의 관여로 그 일의 결과가 좋았다면…

결과가 좋다면 리더가 A를 칭찬하지 않기는 힘들 것이다.

그러면 A는 '거봐, 내 말이 맞잖아. B의 업무 분야이긴 하지만 내 판단이 더 옳았다고. 내가 아니었으면 이런 결과는 나오기 힘들었을 거야. 하여튼 걱정이야 걱정, 내가 일일이 다 챙겨봐야 하니. 하지만 사장님이 인정해주시니 기쁜 마음으로 해야지. 그런데 C나 D, 저 친구들은 왜 저렇게밖에 일을 못하는 거지? 한 수 가르쳐줘야겠어'라고 생각하며 자신감을 가질 가능성이 크다.

그럼 B의 마음은 어떨까? 혹시 이런 생각을 하지 않을까?

'A의 도움이 없어도 잘될 수 있었을 거란 말이야. 그런데 다 된 밥상에 숟가락만 하나 얹어놓고 온갖 유세를 떠는 꼴이라니. 내가 독차지할 수 있는 공(功)을 저 친구와 나눠가져야 하다니. 속이 쓰리군. 그리고 사장님의 저 태도는 뭔가? A 본인의 일이나 잘 하라고 야단치셔도 시원찮을 판에. 저렇게 칭찬을 해주시니 앞으로 저 친구는 더 날뛰겠구먼. 이거 원 더러워서 일할 맛이 안 나네.'

• A의 관여로 일의 결과가 좋지 않았다면…

A는 '내가 그렇게 도와줬는데 결국 B가 제대로 처리하지 못해서 일이 틀어지고 말았어. 문제야 문제'라면서 B의 탓을 할 가능성이 크다. 반대로 B는 어떻겠는가? '내가 잘하고 있는데 갑자기 A가 개

입해서 감 놔라 대추 놔라 하는 바람에 일이 이렇게 되고 말았어' 라고 생각하지 않겠는가?

또한 리더가 이 결과에 대해 누군가에게 책임을 물으려 할 때도 곤란해진다. 만약 A에게 책임을 물으려 한다면 "이건 원래 B의 업무 영역입니다. 저는 그냥 도와주려 했을 따름입니다"라고 슬그머니 발을 뺄 것이고, B에게 책임을 물으려 한다면 "제 의견대로 했으면 일이 잘됐을 겁니다. 하지만 A가 간섭하는 바람에 일이 이렇게 되고 만 겁니다. 저는 억울합니다"라고 반박할 것이다. 결국 잘못된 일에 대한 책임을 묻기도 어려워진다.

위에서 살펴본 바와 같이 월권행위의 결과 일이 잘되든 못 되든 조직 내부에서는 좋지 않은 영향력이 확산될 가능성이 아주 크다. 왜냐하면 사람들은 일반적으로 '잘된 일은 내 탓, 잘못된 일은 남 탓'을 하는 독특한 계산법을 갖고 있기 때문이다. 한비자는 바로 이와 같은 인간의 불완전하면서도 자기중심적인 속성을 꿰뚫고 있었기에 군주는 모름지기 월권하는 신하에 대해 단호히 대처해야 한다고 강조한 것이다.

특히 조직 내 간부들 사이에 암암리에 발생하는 '파워 게임'을 생각해보자. 자신의 맡은 업무 이외의 일에 관여하고 리더에게 인정을 받으려다가는 조직 내 편 가르기가 심해질 수 있으며 결국 과정은 무시한 실적 위주의 권력투쟁 양상이 발생할 수도 있다.

명확한 원칙이 있어야 융통성도 빛을 발한다

물론 최근에는 종적으로 엄격하게 권한의 범위를 확정하기보다는 모든 담당자가 협력하면서 상황에 따라 업무 처리의 범위가 수시로 변화할 수 있는 게릴라식 조직의 장점이 부각되고 있는 것도 사실이다.

그러나 이처럼 조직이 변칙적, 유기적으로 운용되기 위해서는 자기 직책에 대한 명확한 한계와 설정이 전제되어야만 한다. 원칙이 있어야 변칙이 제대로 운용될 수 있는 것이지, 조직 내부에서 마치 변칙이 원칙인 것처럼 받아들여진다면 득보다 실이 훨씬 클 것이다.

한비자는 남이 하는 일에 눈을 돌리기 전에 우선 자신의 임무를 확실하게 수행하고 전력투구하기 위한 엄격성이 필요하다고 주장했다. 그리고 이것이 반박의 여지가 없는 정론(正論)이다.

자신의 권한 외 부분에 대해 지속적으로 관여하는 임직원이 있을 경우 리더는 일정한 시점에 정확히 선을 긋고 필요하다면 엄중히 경고하는 것이 필요하다. 그렇게 하지 않을 경우 간섭받는 자는 자신의 일에 대한 책임감이 떨어질 뿐만 아니라 자신의 존재 가치를 느끼지 못하게 될 것이다. 또한 간섭을 하는 자는 자신의 행동을 리더가 묵인해준다는 전제하에 자신은 '충성'을 하고 있다는 착각에 빠질 위험이 있다. 하지만 그 잘난 충성심이 조직을 갉아 먹을 수 있음을 유념하라.

당신은 무슨 말이든
웃는 낮으로 들을 수 있는가

통증을 참아냈기에 편작이 자신의 의술을 다 펼칠 수 있었고,
군주가 귀에 거슬리는 것을 참았기 때문에
오자서는 때를 놓치지 않고 충언을 할 수 있었다.
이것이 몸이 오래 살고 나라가 평안해지는 방법이다.

《한비자》 제25편 〈안위安危〉

━━━━━━━━━ C사의 박 대표는 오랫동안 미국에서 생활하다 부친이 설립한 회사를 물려받은 2세 경영인이다. 박 대표는 애당초 미국에서 좀 더 생활할 계획이었으나, 부친이 강력하게 대표이사직을 맡아줄 것을 요청하는 바람에 갑자기 회사에 들어오게 되었다. 급작스러운 변화를 지켜보던 C사의 임직원들 중에서는 30대 후반의 젊은 박 대표가 과연 회사를 제대로 이끌어나갈 수 있을지 불안한 마음을 가진 사람들이 많았다.

박 대표는 대표이사로 취임하고 얼마 지나지 않아 '사내 신문고 게시판' 제도를 시행했다. 인트라넷에 무기명 게시판을 만들고, 이 게시판에 회사에 대한 불만(특히 CEO에 대한 불만), 기타 건의 사항을 자유롭게 게시해도 된다고 공표한 것이다.

임원들은 박 대표의 이러한 조치에 대해 괜한 짓을 한다는 반응을 보이며, 걱정하는 투로 이렇게 말했다.

"어떻게 뒷감당을 하려고 이러십니까? 이런 거 없이도 회사는 원만히 잘 굴러왔습니다."

하지만 박 대표는 신문고 게시판에 올라온 글에 대해서는 절대 IP 추적이 안 되도록 전산실에 강력히 지시했고, 이 사실을 전 직원들에게 확인시키는 등 사전 작업을 철저하게 진행했다.

막상 사내 신문고 게시판 제도가 시행되자 처음에는 서로 눈치를 보면서 아무도 글을 올리지 않았다. 그러다가 사소한 건의 사항(회식비를 올려달라, 체육대회를 하게 해달라)이 하나둘 올라오면서 게시판이 활기를 띠기 시작하더니 급기야는 민감한 내용까지 언급되기 시작했다. 가령 "사장님은 잘 모르시겠지만……"으로 시작되는 회사 내의 구조적인 문제에 대한 불만, 젊은 직원들이 C사에서 비전을 찾기 어려운 이유, 그밖에 회사 문화 전반에 대한 비판까지 망라되었다.

박 대표는 그 게시물들에 대해 일일이 답변을 달았다. 자신이 미숙하거나 잘 모르는 부분에 대해서는 오래 근무한 간부들에게 자문을 구하면서까지 적극적으로 응대했고, 직원들의 불만 사항을 반영하여 수정하기로 결정한 부분은 후에 어떻게 개선되었는지 자세한 경과 보고까지 올렸다.

이러한 적극적인 노력 덕분에 회사 내에서 박 대표에 대한 호감도가 급속도로 높아졌다. 6개월 만에 더 이상 신문고 게시판에는 글이 올라오지 않았고, 박 대표는 소통력이 뛰어난 CEO라는 평가까지 받았다.

이 제도를 실시하기 전에 법률 검토를 담당했던 나는 박 대표의 실험이 성공적으로 마무리되는 과정을 흥미진진하게 지켜보았다. 나중에 그에게 사내 신문고 제도를 실시한 이유에 대해 물어보았다. 박 대표의 답은 이랬다.

"제가 아버지의 지시로 이 회사의 경영권을 잡게 되었을 때, 저에 대한 불만이나 우려는 당연히 예정되어 있었습니다. 당연히 뒤에서 수군대겠죠. '회사에 대해서 아는 것도 없으면서 아버지 잘 만나서 낙하산 타고 내려와 대표이사가 됐다. 현장의 목소리를 알기나 하겠는가' 하는 식으로 뒷말이 나올 거라는 점을 충분히 예상할 수 있었습니다. 그래서 저는 아예 그런 논의를 전면으로 끌어낸 겁니다. 제가 대표이사인데 설마 험한 소리 한들 얼마나 험하게 하겠습니까? '그래요, 저 잘 모르니 가르쳐주세요. 부족한 거 아니까 배우겠습니다. 전 들을 준비가 되어 있습니다. 그리고 저 맷집도 좋습니다. 마음껏 치셔도 됩니다.' 이렇게 먼저 선수를 친 거죠. 실제로 사내 신문고를 운영하면서 그동안 아버지도 제대로 파악하지 못했던 다양한 문제점들을 파악할 수 있었답니다. 임원들 중 몇 분은 상당히 뜨끔했을 겁니다. 저로서는 남는 장사였습니다. 하하하."

고통을 참아야 제대로 치료할 수 있다

자신의 문제점을 지적하는 소리를 듣고 싶은 사람이 있을까? 더욱이 그런 이야기를 손수 청해서까지 듣고자 하는 사람은 거의 없을 것이다. 하지만 막중한 책임과 권한을 동시에 갖고 있는 군주라면 이 문제를 달리 생각해볼 필요가 있다.

군주의 정책과 선택이 항상 옳을 수만은 없다. 그럴 때 충성스러운 신하가 있어 직언을 할 수 있다면 군주는 자신의 잘못을 바로잡을 수 있는 기회를 얻을 수 있으리라. 하지만 그런 충직한 신하가 항상 주위에 있을지도 의문이며, 군주가 자신의 잘못을 지적하는 직언에 대해 화를 내거나 힘으로 억누르려 한다면 웬만한 신하들은 군주에게 직언을 하기 어려워진다.

한비자는 뛰어난 군주가 되기 위해서는 신하들의 싫은 소리를 들을 줄 알아야 한다고 강조하면서 《한비자》〈안위〉편에서 이런 예화를 들고 있다.

옛날에 편작(扁鵲)이 병을 치료할 때는 칼로 뼈를 찔렀고, 성인이 위기에 빠진 나라를 구할 때는 충언으로 군주의 귀를 거슬렀다고 한다. 뼈를 찔렀으니 몸에 통증은 있지만 오래도록 이로움이 있었고, 귀를 거스르는 말을 했으므로 마음에 반감은 조금 있었지만 나라에는 오래도록 복이 있게 됐다. 그러므로 심한 병에 걸린 사람은 통증을 참아야 이롭고, 용맹하고 강한 군주는 귀에 거슬리는 것이 있어야 복이다. 통증을 참아냈기에 편작이 자신의 의술을 다 펼쳤고, 군주가 귀에 거슬리는 것을 참았기 때문에 오자서(伍子胥)는 충언을 할 수 있었다. 이것이 몸이 오래 살고 나라가 평안해지는 방법이다. 질병이 있는데도 고통을 참지 못한다면 의술이 효과를 잃게 될 것이고, 나라가 위태로운데도 귀에 거슬리는 말을 피한다면 성인의 뜻을 잃게 될 것이다.

한비자의 가르침에 비추어볼 때, 박 대표는 단순히 직원들의 직언을 잘 수화한 것에서 더 나아가 직원들의 불만을 적극적으로 찾아 나섰다는 점에서 리더로서 대단히 훌륭한 모습을 보여주었다. 더구나 박 대표는 그 과정에서 자신이 배운 것이 많았다고 평가하는 성숙함을 보였고, 2세 경영인이라는 이유로 짊어져야 하는 불신의 눈초리를 슬기롭게 넘기는 멋진 위기 돌파의 모습도 보여주었다.

여러 사람의 힘을 한데 모아서 최고의 성과를 내야 하는 조직의 리더라면 무슨 말이든 웃는 낯으로 들을 수 있는 소화력이 필요하다. 비위가 약하고 소화력이 약하면 편식을 하거나 소식을 하게 될 텐데, 이래서는 리더로서 맡은 소임을 제대로 해낼 수가 없다. 한 비자가 말한 것처럼 때로는 칼로 찌르는 듯한 고통도 참아낼 수 있어야만 문제를 해결할 수 있고, 변화와 성공을 위한 토대를 마련할 수 있다.

좋은 조언은 듣는 사람의 탁월함에서 나온다

마키아벨리 역시 《군주론》에서 귀에 거슬리는 말을 잘 듣는 것이야말로 군주의 중요한 '역량(virtu)' 중 하나라고 설명한다.

많은 사람들은 어떤 군주가 빈틈없다는 평판을 받는다면 그것은 군주가 뛰어나서 그렇다기보다는 군주에게 조언을 하는 참모 집단이 양질이기 때문이라고 주장하는데, 이런 견해는 의심할 바 없이 잘못된 것이다. 왜냐하면 군주 자신이 현명하지 못하다면 결코 참모들로부터 적절한 조언 또한 얻을 수 없다는 것은 확고부동한 철칙이기 때문이다. (중략) 그러므로 좋은 조언이란 그것이 누가 한 것이든 상관없이 그 조언을 요구한 군주의 주도면밀함 때문에 생겨나는 것이지, 좋은 조언 때문에 군주의 주도면밀함이 생겨나는 것은 아니다.

좋은 조언이 나오려면 참모의 우수성보다 군주의 탁월함이 전제되어야 한다는 마키아벨리의 관점은 참으로 예리하다. 참모가 우수한 조언을 할 수 있는 것은 그런 인재를 군주가 곁에 둔 덕분이다. 또한 우수한 조언이라도 군주가 이를 겸허히 받아들이지 못한다면 조언으로서 기능을 다하지 못할 것이기 때문에 군주가 수용하는 태도를 가지는 것이야말로 좋은 조언이 제대로 빛을 발할 수 있는 전제다. 그런 이유로 마키아벨리는 조언을 하는 자보다 조언을 받아들이는 자의 역량과 자세가 더 중요하다고 본 것이다.

사실 대부분의 조직에서 모든 조직원들은 리더의 얼굴빛을 살피며 일하게 마련이다. 그런데 만약 리더가 자신에게 불쾌한 정보에는 흥분하고 유쾌한 정보에는 기쁨을 감추지 못한다면, 그에게 도달하는 정보는 아름다운 장밋빛 정보로만 한정될 것이다. 이런 조직이 과연 건강하게 유지될 수 있을까?

유쾌한 정보는 늦게 알아도 상관없는 경우가 많지만, 불쾌한 정보야말로 빨리 파악한 뒤 이에 대비해야 한다. 그래서 예로부터 명군(名君), 현장(賢將)이라고 일컫는 인물은 자신에게 불쾌할 수 있는 직언을 애써 구했고, 어떤 종류의 정보를 접하건 희로애락을 얼굴에 나타내지 않기 위해 수양했다고 한다.

당 태종 이세민(李世民)도 그러했다. 그는 비록 형을 죽이고 왕위에 올랐지만 자신이 통치하던 시대를 '정관의 치'로 불리는 태평성대로 만들었던 인물이다. 그는 간쟁하는 신하를 측근에 등용하여 매번 그들의 직언을 구했다. 설사 자신에게 잘못이 있다고 해도 그것을 신하가 거침없이 지적하면 군주라도 기분 좋지는 않다. 하지만 그런 괴로움을 견딜 각오가 없다면 나라를 다스리기 어렵다. 태종은 그러한 괴로움을 잘 견뎠고 결국 명군이라는 이름을 얻었다.

만일 귀에 달콤한 이야기만 들으려고 하는 리더가 있다면《한비자》〈간겁시신姦劫弑臣〉편 첫 구절인 "무릇 간악한 신하란 군주의 마음에 순응하여 신임받고 총애받는 태세를 취하려는 자다"라는 가르침을 가슴 깊이 새겨야 할 것이다. 리더의 마음에 순응하여 이익을 얻으려는 간사한 직원을 옆에 둘지, 목숨을 걸고서라도 올바른 직언을 아끼지 않을 충직한 직원을 옆에 둘지는 오직 리더의 마음 자세에 달려 있다.

| 제26강 |

리더는 두려움을 쉽게 내색해선 안 된다

군주가 마음이 좁고 성질이 경박하여
쉽게 휩쓸리거나 동요를 일으키고
쉽게 격분하여 앞뒤 사정을 올바로 분간하지 못하면
그 나라는 멸망하게 될 것이다.

《한비자》 제15편 〈망징亡徵〉

━━━━━━━ K사의 심 대표는 남자답고 화통한 성격의 소유자라 항상 주위에 많은 사람들이 따랐다. 그런데 어느 날 검찰 수사관들이 K사에 들이닥쳐 장부와 서류 일체를 압수해갔다. K사가 입찰 과정에서 담합을 했으며, 불투명한 자금 흐름이 있고, 그중 일부는 대표이사 개인이 임의로 사용해서 주주들에게 손해를 끼쳤다는 내용의 제보가 있었던 것이다.

검찰은 K사 직원들을 상대로 강도 높은 수사를 진행했고, 심 대표를 비롯한 관련 임직원들은 나와 함께 대책 회의를 진행했다. 변호사에게는 모든 것을 솔직히 털어놓아야 방어 전략을 세울 수 있다고 여러 차례 다그치자 직원들이 사실을 털어놓기 시작했다. 직원들의 설명을 종합해본 결과, 담합에 대한 부분은 유죄의 혐의는 있어 보이지만 충분히 무죄를 다퉈볼 만한 여지가 있었다. 대표이사의 횡령 부분 역시 회사에 되갚은 후 자금의 사용 용도가 회사를 위함이었음을 충분히 피력하면 벌금형 정도에서 그칠 수 있어 보였다.

심 대표는 생전 처음 검찰의 수사를 받는 것이라 적잖게 놀란 것 같았다. 회의를 진행할 때에도 전반적인 방어 전략을 구축하기보다는 "구속되지 않을까요? 만약 구속되면 어느 기간 정도 구속될 수 있나요? 큰일인데……"라면서 본인의 구속 여부에 계속 관심을 보였다. 나는 구속이 될지 안 될지는 검찰 수사를 어떻게 받느냐에 따라 달라질 수 있으니 사건 자체에 집중하는 것이 좋겠다는 점을 여러 번 강조했다.

그런데 회의 과정에서 심 대표가 보여준 모습들은 다소 실망스러웠다. "일이 이 지경이 되도록 관련 임직원들이 도대체 일을 어떻게 처리한 거냐?", "월급 받고 일을 이따위로 처리해서 사람을 곤경에 처하게 하나?" 등등 부하 직원들을 다그치며 짜증을 냈다. 그리고 여러 루트를 통해 검찰 수사에 대한 '정보 아닌 첩보'를 자체적으로 수집하더니 급기야는 나를 붙잡고는 이런 말까지 내뱉었다.

"변호사님, 아무래도 절 구속하려는 것 같은데 어쩌죠? 일단 도망부터 가야 하나요?"

심 대표가 회사의 CEO가 아닌 개인적인 신분에서의 형사 피의자였다면 그러한 반응을 충분히 이해할 수 있었을 것이다. 하지만 CEO의 위치에 있는 사람이 회사 직원들 앞에서 계속 불안을 표출하는 것은 보기에도 민망할 뿐만 아니라 직원들의 두려움을 증폭시키는 결과를 가져왔다. 더 나아가서 직원들로 하여금 '아니, 평소 그렇게 호탕하던 우리 대표님이 저렇게 겁을 먹고 밑바닥을 보이다니'라는 느낌을 갖게 하는 듯했다. 옆에서 지켜보는 입장인 나로서는 그 점이 참으로 아쉬웠다.

결국 K사 사건은 관련 임직원들이 적극적으로 검찰 수사에 대응한 덕분에 일부 죄만 인정되어 벌금형으로 잘 마무리되었다. 심 대표는 모든 수사가 끝나자 다시 예전의 호탕한 모습으로 돌아갔다. 하지만 그 과정에서 심 대표로부터 인간적인 수모를 당한 몇 명의 핵심 직원들은 회사를 떠났고, 남은 직원들도 예전처럼 심 대표를 존경하지 않는다는 것을 피부로 느낄 수 있었다.

리더의 감정은 조직 전체로 확산된다

사실 누구라도 수사기관의 수사를 받게 되는 상황 같은 큰 위기 앞에서 평정심을 유지하기란 쉽지 않은 일이다. 더구나 수사를 받는 신분이 된다는 것은 직접 당해보지 않은 사람은 알 수 없는 특유한 경험이기도 하다.

하지만 회사의 여러 임직원이 누구나 두려워할 만한 위기에 노출되어 있는 상황에서 CEO가 보여주는 말과 행동 하나하나는 전체 조직원들에게 엄청난 파급력을 불러일으킨다. 심 대표는 이 점을 깊이 고려하지 못한 채 자신의 감정을 고스란히 드러냈다는 점에서 큰 실수를 하고 말았다.

리더의 심리 상태는 조직 전체로 빠르게 전파된다. 리더가 작은 두려움에 휩싸이면 조직은 공포에 떨게 되고, 난관을 만나도 리더가 용기와 투지를 불태우면 조직은 그런 리더를 보고 다시 힘을 얻는다. 조직의 감정 수준은 리더의 감정 수준 이상을 넘지 못하는 것이 현실이다.

심 대표가 단순히 '두려워하는 모습'만 보였다면 이는 어느 정도 이해될 여지가 있다. 하지만 심 대표는 두려움을 이겨내지 못하고 임직원들을 나무라는 말을 여러 번 되풀이했다. 이는 한 회사의 수장답지 못한 모습이었을 뿐만 아니라 직원들의 입장에서는 야속한 마음을 갖게 했을 것이다.

"CEO가 기침을 하면 임직원들은 몸살로 앓아눕게 된다"는 말이 있다. 그만큼 임직원들은 리더의 일거수일투족에 예민하게 촉각을 곤두세우고 있다. 더욱이 일반적인 상황이 아닌 회사가 위기에 봉착했을 때라면 그 민감도는 더 커질 수밖에 없다.

변호사로 상담을 하다 보면 회사에 여러 가지 위기가 발생했을 때 CEO와 임직원이 어떤 식으로 반응하는지 곁에서 지켜볼 기회가 많다. 회사마다 양상이 정말 다양하다. 어떤 CEO는 신 대표처럼 임직원들을 원망하는 한편 본인에게 닥칠 위험(형사 구속이나 손해배상)에 대해서 극도로 민감하게 반응하면서 그 문제에만 집착한다. 반면에 어떤 CEO는 "모든 책임은 내 책임이다. 자네들은 잘못이 없다"라고 단호히 말하면서 의연하게 책임지는 자세를 보여주기도 한다.

중요한 것은 리더가 어떤 자세를 보여주느냐에 따라서 임직원들의 태도도 달라진다는 점이다. 리더가 "내게 모든 책임이 있다"라고 선언하는 경우, 임직원들도 잘못을 인정하고 적극적으로 책임을 지겠다는 태도를 보인다. 반면에 리더가 임직원들을 나무라고 짜증을 내면서도 자신에게 닥칠 위협에 대해 극도로 두려워할 경우, 임직원들도 어떻게든 자신에게 책임이 돌아오는 것을 피하기 위해 몸을 사리는 모습을 보인다. 심지어 직원들이 수사를 받으면 서 CEO에게 불리한 진술을 자진해서 하는 경우도 있었다.

리더가 위기 상황에서 스스로 두려워하는 모습을 보이면 임직 원들은 더 불안한 마음이 들어 난관을 타개할 만한 용기를 갖지 못 한다. 반대로 위기 상황에서도 리더가 중심을 잡고 강인한 모습을 보여주면 임직원들도 마음의 안정을 갖고 위기를 돌파해야겠다는 용기를 갖는다.

위기 상황일수록 두려움을 드러내지 마라

한비자는 〈망징〉편에서 나라를 망하게 하는 군주의 여러 가지 행태를 설명하고 있는데, 다음 이야기도 그중 하나다.

군주가 마음이 좁고 성질이 경박하여 쉽게 휩쓸리거나 동요를 일으키고, 쉽게 격분하여 앞뒤 사정을 올바로 분간하지 못하면 그 나라는 멸망하게 될 것이다.

특히 조직이 위기에 처함에 따라 모든 조직원이 그 리더만을 바 라보고 있는 상황에서 리더가 차분함을 잃어버리고 경박하게 처 신하면서 앞뒤를 분간하지 못한다면 그 조직은 내부적인 결집을 결코 이끌어낼 수 없다.

CEO는 원하든 원치 않든 스포트라이트를 받고 있는 존재다. 더 더욱 잊지 말아야 할 것은 회사가 위기 상황이 되면 리더를 향한 스포트라이트는 더 밝아지며, 임직원들은 모두 뚫어져라 그를 응시하게 된다는 사실이다.

진정한 리더의 내공은 위기 상황에서 드러나는 법이다. 리더의 자리에 있는 한 조직 구성원들 앞에서 두려움을 내색해서는 안 된다. 두려움을 내색하는 순간 조직은 더 큰 두려움에 휩싸이게 된다. 두려움을 극복하는 리더만이 조직을 살릴 수 있다.

리더는 정말 두려워도 그 두려움을 내색하지 못하는, 그 두려움을 속으로 삼키면서도 웃음을 잃지 말아야 하는, 그런 사람이어야 한다. 그래서 리더의 자리는 이토록 어렵고 고독하다.

세상에 영원한 충성, 조건 없는 충성은 없다

군주의 근심은 다른 사람을 믿는 데서 생기는 바,
다른 사람을 믿으면 그에게 지배받게 된다.

《한비자》 제17편 〈비내備內〉

━━━━━━━━ R개발의 정 회장은 특유의 보스 기질과 화통한 성격 때문에 항상 주위에 사람들이 들끓었다. 그런데 사람들을 갸우뚱하게 하는 것이 바로 정 회장의 오른팔 격인 마 이사다. 마 이사는 R개발의 사업 규모나 인적 구성에 비추어볼 때 도저히 이사직에는 걸맞지 않은 사람이었다. 스마트한 편도 아니고 그렇다고 대인 관계가 좋지도 않았다. 그럼에도 그는 정 회장의 신임을 얻어 CFO로서 자금 관련 업무를 총괄하고 있었다.

주위 사람들이 정 회장에게 어째서 마 이사를 중용하느냐고 물어보면, 정 회장은 그 이유를 이렇게 설명하곤 했다.

"머리 좋고 똑똑한 친구들은 결정적인 순간에 배신을 한다고. 머리가 그리 좋지 않아도 예전부터 정으로 다져진 사람은 진정으로 어려울 때 보스를 위해 충성을 다하는 법이지."

정 회장은 마 이사의 '능력'이 아니라 그의 '우직함'과 '충성심'을 높이 샀던 것이다. 실제로 마 이사는 정 회장의 심복으로 온갖 궂은일을 성심껏 처리했다. 정 회장 또한 다른 임원들보다 마 이사에 대해서는 파격적인 대우를 해주었다.

그런데 사건이 발생했다. R개발이 A상호저축은행으로부터 부정대출을 받았다는 사실이 밝혀져서 검찰 수사가 시작된 것이다. 정 회장은 일단 검찰 수사를 피하기 위해 잠적했다. 검찰은 R개발의 재정 관련 책임자인 마 이사를 네 차례나 소환해서 강도 높은 수사를 진행했다. R개발 직원들은 마 이사가 정 회장을 보호하기 위해 검찰에서 고생을 하는 것으로 알고 마 이사를 격려했다.

그로부터 두 달 뒤, 정 회장은 심야 불심검문에서 체포되었고 그때부터 정 회장에 대한 본격적인 수사가 진행됐다. 그런데 그 수사 과정에서 놀라운 사실이 알려졌다.

마 이사가 검찰 수사 과정에서 그동안에 있었던 모든 자금 내역에 대해 자료까지 첨부해서 상세하게 밝혔으며, 나아가 그 모든 것들이 철저히 정 회장의 지시에 따른 것이라고 진술했다는 것이다. 심지어 '나는 이런 식의 변칙적인 거래는 위험하다고 반대했지만 정 회장이 하도 강하게 주장하는 바람에 어쩔 수 없이 대출 과정에 관여할 수밖에 없었으며, 자신은 월급쟁이에 불과했기에 도저히 정 회장의 지시를 거절할 수 없었다'는 취지의 진술까지 마친 상태였다.

굳이 마 이사가 검찰에 밝히지 않아도 되었을 부분까지 세세한 증빙 자료를 첨부해서 검찰에 제출하는 바람에 정 회장은 죄가 더 가중됐다. 검찰은 마 이사에게 기소를 하지 않는 선처를 베풀었다. 재판 중에도 마 이사는 검찰 측 증인으로 법정에 서서 예의 그 돌쇠 같은 우직함(?)으로 정 회장의 심장에 비수를 꽂는 증언을 계속했고, 그 결과 정 회장은 징역 5년 형을 선고받았다.

인간은 자신의 이익을 버리면서까지 헌신하지 않는다

물론 정 회장이 상호저축은행으로부터 대출을 받을 때 부정한 방법을 썼던 점, 그리고 그 행위에 대한 합당한 처벌을 받아야 한다는 점에 대해서는 이론의 여지가 없다. 이를 옹호하고 싶은 생각은 전혀 없다는 점을 분명히 밝힌다. 다만 재판 과정에서 정 회장이 극심한 배신감을 토로하는 모습, 그리고 마 이사가 정 회장에 대해 일관되게 불리한 증언을 하는 것을 지켜보니 과연 두 사람 사이는 어떻게 규정해야 할지에 대해 의문이 들면서 머리가 복잡해졌다.

앞에서도 언급한 바 있지만, 리더와 직원은 서로 다른 이익을 계산하는 사람들이다. 한비자는 〈비내備內〉편에서도 '이익에 의해 움직이는 사람의 본성'에 대해 다음과 같이 지적하고 있다.

수레를 만드는 이는 수레를 만들면서 사람들이 부유해지기를 바라고, 관을 짜는 이는 관을 만들 때 사람이 죽기를 바랄 것이다. 그러나 이것은 수레를 만드는 사람은 착하고 관을 만드는 사람은 악하기 때문이 아니라 사람이 부유해지지 않으면 수레가 팔리지 않고 사람이 죽지 않으면 관을 팔 수 없기 때문이다. 관을 짜는 사람이 마음속으로 사람을 증오하기 때문이 아니라 사람이 죽어야 이득이 있기 때문이다.

정 회장은 마 이사두 자신의 이익을 생각할 수밖에 없는 사람이라는 점을 간과했다. 거기다 평소 자신이 보아온 마 이사의 충성심과 성실함을 그의 본성에 근거한 것, 그 어떠한 계산도 개입되지 않은 것으로 안이하게 생각하고 말았다.

반대로 마 이사의 입장은 어땠을까?

"최종 책임은 대표이사가 지는 겁니다. 당신은 어차피 월급쟁이일 뿐입니다. 수사에 협조하십시오. 당신이 잘 협조하면 검찰에서도 충분한 정상참작을 할 것입니다. 어차피 R개발이나 정 회장은 이제 재기가 힘듭니다. 잘 판단하세요."

담당 검사에게서 이런 말을 들었는데도 마 이사가 끝까지 정 회장을 비호할 수 있을까? 그리고 그렇게 못했다고 해서 과연 마 이사를 비난할 수 있을까? 정 회장을 보호하기 위해서 법적인 책임을 감수할 것을 기대하는 것은 사실상 불가능하다는 것이 현실적인 판단이다. 마 이사는 결국 자기를 지키는 자구행위(自求行爲)를 한 것일 뿐이다.

아무리 마음속 깊이 아끼고 믿은 신하라도 결국은 군주가 방비해야 하는 내부의 적이 될 수 있다. 한비자는 〈비내〉편에서 다음과 같이 경고한다.

군주의 근심은 다른 사람을 믿는 데서 생기는 바, 다른 사람을 믿으면 그에게 지배받게 된다.

군주는 아무리 충성스러운 측근이라 할지라도 그에게 무조건 신뢰를 보내서는 안 된다는 의미다. 리더 역시 아무리 우직하고 믿음직한 모습을 보인다 해도 부하 직원을 뼛속까지 믿어서는 안 된다. 더구나 어려운 상황이 닥쳤을 때 자신의 이익을 버리면서 리더를 위해 헌신할 것이란 기대는 더더욱 해서는 안 된다. 이것이 한비자의 냉정하지만 지극히 현실적인 가르침이다.

《채근담茶根譚》에 이런 말이 나온다.

> 원수진 이가 쏘는 화살은 피하기 쉽지만, 은혜 베푼 사람이 던지는 창은 막기 어렵다.

정 회장은 마 이사를 자신의 심복이라 믿었기에 마음속에 있는 말까지 다 했던 것인데, 결국 그것이 정 회장을 더 큰 구렁텅이로 밀어 넣는 결과가 되고 말았다. 정 회장의 사례는 왜 리더가 심복이라 여기는 부하 직원이라 할지라도 무조건 믿어서는 안 되는지 그 이유를 잘 설명해주고 있다.

한비자가 보기에 신하의 '충성'이란 주관적인 것임과 동시에 신하가 어떻게 마음을 먹느냐에 따라 언제든지 달라질 수 있는 그런 것이다. 부하가 마음을 달리 먹으면 과거의 충성이란 아무 의미도 없게 된다. 되레 부하의 마음이 달라진 것을 모르고 그가 여전히 충성스럽다고 여긴다면 군주는 위험에 처할 수도 있다.

리더에 대한 부하의 충성은 자신의 충성이 온전한 대가를 받을 수 있으리라는 기대하에서만 존재한다고 보는 것이 현실적이다,

자신의 충성에 대해 아무런 대가를 받을 수 없다면, 나아가 자신의 충성이 오히려 자신에게 위해가 될 수도 있다면, 과연 어느 부하가 주군을 위해 충성을 다하겠는가?

물론 그런 상황에서도 의리를 위해 목숨을 던지는 협객(俠客)은 분명 존재하리라. 하지만 그런 협객은 그 대단함으로 인해 영화나 소설의 소재가 될 수는 있을지언정 현실 세계에서 만나기란 쉽지가 않다. 설령 그런 부하 직원을 만났다고 해도 당연하게 여길 것이 아니라 고맙게 생각해야 한다.

영원한 충성은 없다는 이 뼈아픈 진실 앞에서 리더는 어떻게 행동해야 할까. 우리가 고민해야 할 부분은 바로 이 지점이다.

영원한 충성, 조건 없는 충성은 없다

한비자는 〈고분孤憤〉편에서 군주와 신하 사이에 존재할 수밖에 없는 엄연한 간극에 대해 신랄하게 지적하고 있다.

군주와 신하는 이익이 서로 다른 자들이다. 군주의 이익이란 능력이 있는 신하에게만 관직을 맡기는 데 있으며, 신하의 이익이란 무능하지만 일자리를 얻는 데 있다. 군주의 이익이란 공로가 있어야만 작위와 봉록을 주는 데 있으며, 신하의 이익이란 공로가 없으면서도 부귀해지는 데 있다.

군주와 신하의 이익이 서로 다르다는 것은 각자 이해타산에 대한 계산이 다르다는 의미이기도 하다. 가령 신하는 언제나 자신의 역량과 노력에 비해 더 많은 대가를 받고자 한다. 이것이 신하가 군주와의 관계에서 행하는 '계산'의 내용이다.

군주나 신하 모두 계산을 한다고는 하지만, 군주의 계산보다 신하의 계산이 훨씬 더 절박하지 않을까? 신하는 군주보다 자본과 자산이 적으니 군주에게 더 많이 종속될 수밖에 없으며, 자신의 생사여탈권을 쥐고 있는 군주의 반응에 본능적으로 민감하게 반응할 수밖에 없다. 따라서 군주는 여간해서 신하의 계산을 따라잡기 힘들 것이다. 이는 약자로서 신하가 갖고 있는 본능에 가까운 행동이다.

이익을 따지고 계산을 하는 게 본성이라는 말은 "오는 정이 있어야 가는 정이 있는 법"이라는 말과 통한다. 즉 충성이나 의리를 따지기 전에 제대로 보상을 해주고 부하가 배신할 일을 만들지 말라는 이야기다. 아무리 정직하고 성실하게 일해도 아무런 보람을 느낄 수 없다면, 회사에 충성하고 헌신했는데도 보상은커녕 억울한 일만 당하게 된다면, 끝까지 의리를 지킬 수 있는 사람이 몇이나 될까. 그런 조직에는 충성과 의리 대신 부정부패가 우세할 것이고, 각자도생을 도모하는 구성원들로 인해 기강은 극도로 문란해질 것이다.

특히 일이 잘못되어서 책임을 묻게 될 일이 생겼을 때 제대로 소명의 기회를 주지 않고 좌천시킨다면 아무리 몇십 년 충성을 바친 직위이라고 해도 그 마음을 한번에 짓밟힌 것 같은 모욕감을 느낄 수 있다. 왜 일이 이렇게 되었는지 충분히 소명할 기회를 주고, 좌천성 발령을 내리더라도 사전에 그에 대한 합리적인 설명과 세심한 배려가 있어야 한다.

물론 인간에게는 선의가 있으며, 그 선의는 아름답고 훌륭한 것이다. 그러나 선의는 찰나적인 연소(燃燒)와 비슷하여 너무나 공허하다. 즉 상황에 따라 선의가 순식간에 악의로 변할 수 있다는 점을 잊지 말아야 한다. 오히려 강한 선의를 가졌던 사람일수록 느낄 수 있는 배신감의 크기는 더 크기에 그 선의가 악의로 전환될 가능성도 크다. 한비자 역시 군신 관계를 논하는 대목에서 이 점을 자주 강조했다.

설령 누군가 그동안 함께 일한 시간과 쌓아온 관계가 아무것도 아니었다는 양 당신의 마음을 아프게 했더라도 '배신'을 운운하며 분개하거나 노여워할 필요가 없다. 한비자는 군신 관계는 부모 자식 관계가 아니므로 혈연 사이에서 느끼는 정(情), 즉 육친의 정이 있을 리 없다는 냉정한 조언을 덧붙인다. 권력 찬탈을 위해 부자지간에 얼마나 많은 골육상쟁이 있었는지를 기억하라. 피를 나눈 관계에서도 이해관계 때문에 서로 등을 돌리는 일이 비일비재한데, 하물며 혈육지간이 아닌 군신 관계에서는 더 말할 나위가 없을 것이다.

현명한 리더라면 의리와 정에 호소하여 부하 직원의 충성을 이끌어내려고 하지 마라. 이는 가능하지도 않을뿐더러 자신을 더욱 초라하게 만들 뿐이다. 또한 개인의 이익을 위해 회사를 떠나는 부하 직원들을 두고 속 끓이지 마라. 도리어 직원들의 반응과 선택이 리더인 자신의 부족함 내지 미숙함 때문은 아닌지 냉정하게 따져 볼 때 리더로서 더 크게 성장할 수 있다.

| 제28강 |

조직 내 갈등은 반드시 독이 되어 돌아온다

버드나무는 옆으로 눕혀 심더라도 바로 살고,
거꾸로 심더라도 바로 살며, 꺾어 심더라도 역시 산다.
그러나 만약 열 사람이 그것을 심는다 해도
한 사람이 그것을 뽑는다면 살아날 버드나무가 없다.

《한비자》 제22편 〈설림 상說林 上〉

━━━━━━━ H테크노의 안 사장은 일본 현지에서 영업을 총지휘하고 있다. 회사의 전체 매출에서 일본 쪽이 차지하는 비중이 늘어나자 일본에 판매 법인을 설립한 뒤 직접 경영을 책임지는 중이다. 안 사장은 1년에 두어 달을 제외하고는 거의 일본에서 상주하다시피 했기 때문에 자연스레 한국 법인에서의 정책 결정 및 실무 총괄은 H테크노의 김 부사장이 담당하게 되었다.

공학도 출신인 김 부사장은 H테크노에 합류한 지 3년쯤 되는데, 현재 회사 내에서 2인자로 자리를 굳힌 상황이다. 하지만 김 부사장은 연구 개발 전문이었기 때문에 안 사장은 영업 부문을 보완하기 위해 외부에서 추천을 받아 박 이사를 영입하게 되었다.

박 이사가 H테크노에 입사한 뒤 영업을 총지휘해보니 회사 내의 문제점들이 계속 발견되었다. 그런데 그중 상당 부분은 김 부사장의 미숙한 경영 방식에서 비롯된 것들이었다.

박 이사는 이 부분에 대해 김 부사장에게는 내색을 하지 않고 마음속에만 담아두었다. 그러다가 안 사장이 일본에서 돌아오자 독대를 신청해서 직접 모든 내용을 전달했다. 안 사장은 자신이 몰랐던 내용도 많았다면서 박 이사에게 감사를 표시하고 조만간 시정하겠다고 말했다

안 사장이 일본으로 돌아간 후, 김 부사장이 박 이사를 바라보는 눈빛이 예전 같지 않았다. 사사건건 시비를 거는가 하면 무슨 의견만 내면 항상 반대 입장에 서서 박 이사를 힘들게 했다. 또 박 이사가 추진한 프로젝트 가운데 수주 결과가 좋지 않으면 그 부분을 크게 문제 삼아 회사 내에서 공론화하는 등 소위 '박이사 왕따시키기' 분위기를 조성하는 것이었다.

박 이사는 주위 사람들을 통해 김 부사장이 자신에게 적대적으로 구는 이유를 알아보았다. 그랬더니 박 이사가 안 사장에게 보고한 내용이 안 사장을 통해 김 부사장 귀에 들어갔고, 그날 이후 김 부사장은 박 이사에 대해 적대감을 갖게 되었다는 것이었다.

안 사장은 계속 일본에서 체류하는 시간이 많았고, 김 부사장이 박 이사를 교묘하게 공격하면서 왕따를 시키는 상황에 대해 자세히 알지 못했다. 박 이사는 혼자서 이런 상황을 견딜 수 없다고 판단해서 결국 회사를 그만두게 되었다.

쓸데없는 암투로 인재를 잃을 수 있다

의외로 많은 CEO들이 부하 직원들 사이에서 벌어지고 있는 치열한 암투를 눈치채지 못하거나 알더라도 심각하게 생각하지 않는다. 암투에 휘말린 사람이 도움을 요청해도 "서로 잘 협조해서 일하면 되지 뭘 그러냐"라며 별일 아니라는 식으로 대응해버린다. 하지만 기업을 자문하는 과정에서 내가 직접 느끼고 경험해보니, 기업 내에서 이루어지는 암투는 그 옛날 궁정 내에서 벌어졌던 파벌 싸움 못지않게 치열하고 심각하다.

　박 이사로부터 충언을 들은 안 사장은 그 이야기를 김 부사장에게 어떤 식으로 전달했을까? 아마도 "김 부사장님, 이런저런 이야기가 나오고 있는 것 같은데 어떻게 생각하세요?"라고 물어봤을 것이다. 물론 그 과정에서 이야기의 진원지인 박 이사에 대한 언급을 하지 않기는 힘들었으리라.

　하지만 이 말을 들은 김 부사장은 박 이사의 발언이 자신의 권위에 대한 도전이라 생각했을 것이고, 따라서 그 이후부터는 박 이사를 예전처럼 편하게 볼 수만은 없었을 테다.

　안 사장은 중재를 한답시고 "두 분이 잘 협의해서 진행하세요. 제가 드린 말씀은 참고로만 하시고요"라는 식으로 말하며 크게 꾸짖는 말을 하지 않았을지도 모른다. 하지만 안 사장이 이렇게 한 발 뒤로 빼는 식으로 말했다 하더라도 김 부사장은 CEO가 그런 이야기를 한다는 것은 자신을 믿지 못하기 때문이라고 생각할 수 있으며, 나아가 그런 문제 제기를 한 조직원에 대해 엄청난 반감을 가질 수밖에 없다.

　아마도 안 사장도 이런 이야기를 어떻게 해야 할지 고민이 깊었을 것이다. 박 이사가 지적한 김 부사장의 문제점에 대해서 안 사장도 이미 인지하고 있었을 수도 있다. 하지만 자신은 어쩔 수 없이 일본에 나와 있고, 그동안의 관계 등을 종합적으로 고려할 때 H테크노에서 당장 김 부사장을 배제할 수 없었던 불가피함이 있었으리라 예상한다.

결국 순진한 박 이사만 충언에 대한 대가를 톡톡히 치른 셈이다. 또한 안 사장은 조직 내 암투를 예방하진 못할망정 부추긴 꼴이 되었으며, 그 결과 소중한 인재 한 명을 잃었다.

그렇다면 박 이사는 어떻게 행동해야 했을까? 한비자는 〈설림 하〉편에서 조직에서의 권력 관계, 이기심, 질투심을 아주 현실적으로 그린 이야기를 소개하고 있다.

송나라에서 재상이 국정의 실권을 잡고 있을 때였다. 계자(季子)라고 하는 책사(策士)가 송나라를 방문하여 왕에게 국정에 관한 진언을 하려고 했다. 그때 양자(梁子)라고 하는 사람이 그 소리를 듣고 계자에게 이렇게 충고했다.

"진언을 할 생각이라면 재상도 반드시 함께 동석하기를 청하는 것이 좋을걸세. 그렇지 않으면 자네에게 뜻밖의 재난이 생길지도 모른다네."

만약 계자가 왕을 독대한 상황에서 진언을 했다면 따돌림을 당한 재상에게 미움을 사게 될지도 모른다. 누군가 자신을 배제한 것 같다는 느낌을 받는다면 어느 누구든 불안하고 불쾌한 법이다. 더 중요한 것은 그러한 노여움은 왕에게 향하는 것이 아니라 그보다 낮은 계자에게 향한다는 점이다.

계속해서 《한비자》에 등장한 예화들을 보자.

진진(陳軫)이 위나라 왕에게 존중받았다. 그런데 혜자(惠子)가 말하기를 "반드시 측근들에게 잘해라. 버드나무는 옆으로 눕혀 심더라도 바로 살고 거꾸로 심더라도 바로 살며 꺾어 심더라도 역시 산다. 그러나 만약 열 사람이 그것을 심는다 해도 한 사람이 그것을 뽑는다면 살아날 버들이 없다. 도대체 열 사람이나 되는 많은 사람이 살기 쉬운 나무를 심는데도 한 사람을 이겨내지 못하는 까닭은 무엇이겠는가? 심기는 어려워도 뽑기는 쉽기 때문이다. 자네가 비록 자신을 왕에게 심는 일을 잘 하더라도 자네를 뽑아버리려는 자가 많으므로 자네는 반드시 위태로울 것이다"라고 했다.

─〈설림 상〉편

자산(子産)은 자국(子國)의 아들이다. 자산이 정(鄭)의 군주에게 충성하자 자국이 그를 꾸짖으며 노해 말했다.

"다른 신하들을 어기고 혼자서만 군주에게 충성하려고 하면 그 군주가 현명할 때는 능히 네 의견을 들어주지만 현명하지 못할 때는 네 의견을 들어주지 않을 것이다. 들어줄지 아닐지 반드시 알지 못하는 사이에 벌써 너는 여러 신하들로부터 떨어져 나갈 것이다. 여러 신하들로부터 떨어져 나간다면 네 자신이 반드시 위태로울 것이다. 자기를 위태롭게 할 뿐만 아니라 또 장차 그 아비도 위태롭게 할 것이다."

─〈외자설 좌하〉편

열 사람이 생존력 강한 버들을 심더라도 단 한 명에 의해 뽑힐 수 있고, 혼자서만 충성하려고 하다 주변의 동료를 잃고 위태로워질 수 있다.

참으로 역설적인 이야기지만, 정작 한비자 본인도 진시황(始皇帝)의 부름을 받고 알현까지 했지만 결국 동문수학했던 이사(李斯)에 의해 죽임을 당했다. 한비자의 경우는 '현실적으로 따돌린 것'이 아니라 '따돌림을 당할 상황을 우려'한 이사에 의해 죽임을 당한 것이니 상황은 조금 다르지만, 그만큼 조직 내부의 암투는 무섭고 치열하다. 박 이사가 이런 점을 알았더라면 직언을 하더라도 신중하게 한 번 더 고민했을 것이다.

조직의 갈등은 리더가 교통정리를 해야 한다

그러나 이 상황에서 제일 중요한 것은 군주, 즉 리더의 태도다. 현명한 리더라면 조직 내에서 임직원들이 서로의 이해관계를 다투면서 암투를 벌일 수 있다는 점을 늘 염두에 두어야 한다. 그랬다면 안 사장은 자신이 김 부사장에게 한 말이 어떠한 결과를 가져오게 될지 충분히 예상할 수 있었을 것이다.

또한 리더는 조직 내에서 왕따가 있고 치열한 암투가 벌어지고 있다는 점을 알게 되었을 때 매우 준엄한 태도로 대응해야 한다. 리더가 교통정리를 제대로 하지 않고 그대로 내버려둔다면 중요한 일도 조직 내 파워 게임에 의해 좌우될 가능성이 크다. 회사 내에서 2인자였던 김 부사장이 영업이사인 박 이사를 교묘하게 밀어

낸 것처럼 말이다. 이것이 부하 직원 간의 권력 싸움에 그치지 않고, 중요한 의사결정을 할 때 영향을 주고 회사 전체 분위기가 나빠지는 등 문제가 더욱 커질 수 있다.

한비자는 리더가 조직 내 암투에 대해 가져야 할 준엄함을 설명하면서 〈내저설 하〉편에서 다음과 같은 예화를 들고 있다.

희공(僖公)이라는 왕이 목욕을 하려는데 목욕물 안에 자갈이 섞여 있었다. 희공은 좌우 측근에게 물었다.

"목욕물 담당이 잘리게 되면 그 뒤를 맡을 자는 정해져 있느냐?"

"정해져 있사옵니다."

"그자를 불러오너라."

한 남자가 모습을 나타내자 희공은 큰소리로 꾸짖었다.

"네 이놈, 어째서 목욕물 안에 자갈을 넣어놓았느냐?"

남자가 대답했다.

"송구하옵니다. 목욕물 담당이 잘리면 대신 제게 일을 맡겨주시는지라 그래서 자갈을 넣게 되었사옵니다."

어떤 문제가 발생했을 때, 문제를 일으킨 사람은 그로 인해 이익을 보는 사람일 공산이 크다. 한비자도 그 점을 잘 알았기에 이 같은 예화를 통해서 어떤 사건을 규명할 때는 이해관계의 차이를 주시하라는 가르침을 전하고 있다. 단순하다면 단순한 견해이지만 그만큼 설득력이 있다.

조직 내에서 갈등이 발생했을 때 리더는 문제의 원인 제공자를 찾아내 문제를 해결해야 하는데 이것이 쉽지 않을 때가 있다. 이때 한비자의 지혜를 빌려, 그 문제가 발생함으로써 가장 먼저 혹은 가장 큰 이익을 보는 사람이 누구인지부터 따져보면 의외로 문제가 쉽게 풀릴 수 있다.

물론 문제가 발생하기 전에 문제의 씨앗을 없애버리면 더 바람직하다. 그러려면 리더가 복잡하게 얽혀 있는 조직 내 이해관계에 끊임없이 관심을 갖고 주시해야 한다. 즉 누가 누구를 왜 어떻게 견제하는지, 각자 회사에서 가장 바라는 것이 무엇인지 알고 있어야 한다. 어떤 사람이 명예를 중시하고, 어떤 사람이 돈을 중시하는지도 찬찬히 따져보라. 그러면 현재 당신이 고민하는 조직의 문제를 풀 실마리가 보일 것이다.

강하더라도 이길 수 없는 때가 있다

천하에는 확실한 세 가지 이치가 있다.
첫째, 지혜가 있더라도 공을 세울 수 없는 경우가 있고
둘째, 힘이 있더라도 들어 올릴 수 없는 경우가 있으며
셋째, 강하더라도 이길 수 없는 경우가 있다.

《한비자》 제24편 〈관행觀行〉

━━━━━━━ Y테크의 김 사장은 회사 경영의 성패가 '성과 관리'에 있음을 항상 강조한다. 회사가 학교가 아닌 이상, 급여를 받고 일을 하는 직원이라면 반드시 시간을 투입한 만큼 결과를 만들어내야 한다는 것이다.

적은 시간을 투여해서 큰 성과를 낸 직원은 당연히 칭찬받아야 마땅하다. 그렇다면 많은 시간을 투여해서 결과가 좋지 못한 직원의 경우는? 김 사장의 기준으로 볼 때 이런 직원은 회사에 큰 손해를 끼친 것이다. 차라리 그 시간에 딴 일을 할 수도 있는데, 기껏 시간을 들여서 일을 한 다음에 결과까지 안 좋았다면 이는 회사에 이중의 손해를 끼친 것이나 다름없다는 것이 김 사장의 입장이다. 그런 그가 제일 싫어하는 것은 직원들이 성과가 좋지 않은 것에 대해 이유를 대는 것이다.

"그런 식으로 이유를 대기 시작하면 끝이 없습니다. 이유는 생각하면 생각할수록 계속 나오게 됩니다. 실패의 이유는 대부분 필요한 만큼 열심히 하지 않았기 때문입니다. 어쩔 수 없었다는 것은 대부분 핑계에 불과합니다."

김 사장 본인이 온갖 어려움을 뚫고 현재에까지 이른 자수성가형 경영자인지라 "하면 된다. 안 되면 되게 하라"라는 신념이 크게 자리를 잡고 있었다.

하지만 김 사장의 이런 단호함이 반드시 좋은 영향만 준 것은 아니었다. 회사에 대한 충성심이 큰 몇몇 직원이 공격적인 목표를 갖고 프로젝트를 진행하다 막상 주위 여건 변화로 실패한 일이 있었다. 김 사장은 이를 문제 삼아 직원들을 심하게 질책했고, 그들은 결국 회사를 떠나게 되었다.

이러한 김 사장의 경영 스타일에 대해 Y테크의 인사총무를 담당하는 박 이사는 이렇게 의견을 피력했다.

"일이란 게 말입니다. 하다 보면 노력을 해도 잘 안 될 경우가 있습니다. 소위 '때'가 아직 성숙하지 않은 경우 말이지요. 하지만 사장님은 모두 직원들의 능력이 모자라서 그렇다고 하시니……. 제 입장에선 괜찮은 직원들이 이 문제로 회사를 떠나는 모습을 볼 때 가장 안타깝습니다."

아무리 애를 써도 일이 안 되는 때가 있는 법이다

회사 경영을 책임지고 있는 리더가 성과에 집중하고, 성과를 제대로 내도록 임직원들을 독려하는 것 자체를 나무랄 수는 없다. 다소 힘들지만 도전적인 목표를 부여하고, 이를 달성할 수 있도록 자극을 주고 이끄는 것이 리더의 바람직한 모습이기도 하다.

하지만 그 일이 애초부터 좋은 결과를 얻기 힘든 일이었다면, 혹은 직원은 최선을 다했지만 불가피한 요인들로 인해 기대하던 성과를 얻지 못했다면, 과연 리더는 어떤 자세를 취해야 할 것인가?

Y테크의 김 사장은 '최선만으로는 부족하다'라는 입장이다. 일이 당초 예상대로 진행되지 않았고, 그렇게 된 요인이 외부적인 것이었다 하더라도 '그런 요인까지 제대로 발견해내지 못한 것은 해당 임직원의 잘못이다'라는 입장인 것이다.

그런데 김 사장처럼 엄격하기만 한 것이 과연 올바른 자세일까? 매섭게 몰아붙인다고 해서 반드시 성과가 좋으리란 법이 있을까? 더 높은 곳에서, 더 멀리 바라봐야 하는 리더라면 여기에서 한 발자국 더 나아간 자세를 보여야 하지 않을까?

다음은 《논어論語》에 나온 한 구절이다.

> 싹을 틔워도 꽃을 피우지 못하는 일이 있고, 꽃을 피워도 열매를 맺지 못하는 일도 있다.

이 말에는 막상 일을 하다 보면 사람의 힘만으로는 안 되는 일이 반드시 있다는 인생의 가르침이 담겨 있다. 옛 선조들은 모든 것에는 때가 있으며, 그때가 되지 못했다면 사람의 노력만으로는 일이 이루어지지 않을 수 있다는 점을 겸허히 받아들이는 것도 군자의 태도로 인식했다. 그래서 사람의 힘으로 해보는 데까지 해보고 난 후에는 하늘의 뜻을 기다려야 한다는 '진인사대천명(盡人事待天命)'이라는 말도 나온 것이리라.

한비자 역시 신하들이 이루어내는 성과를 꼼꼼히 따져서 신상필벌해야 한다고 강조했지만 노력만으로 일이 되지 않는 것이 '천하의 이치'임을 인정했다.《한비자》〈관행〉편에 나오는 문구다.

천하에는 확실한 이치가 세 가지 있다. 첫째, 지혜가 있더라도 공을 세울 수 없는 경우가 있다. 둘째, 힘이 있더라도 들어 올릴 수 없는 경우가 있다. 셋째, 강하더라도 이길 수 없는 경우가 있다.(중략)

형세에 따라 얻을 수 없는 것도 있고, 일에 따라 이룰 수 없는 것도 있다.(중략)

때에는 가득 찰 때와 텅 빌 때가 있고, 일에는 이로울 때와 해로울 때가 있으며, 생물은 태어남과 죽음이 있다. 군주가 이 세 가지 때문에 기뻐하거나 노여워하는 기색을 나타내면 쇠와 돌처럼 굳은 마음을 가진 신하라도 마음이 떠날 것이고, 성현이라 할 만한 신하들도 하는 일을 의심하게 될 것이다.

한비자는 진정 뛰어난 군주라면 세상 만물의 이치를 따져보고, 때가 성숙치 않아서 일을 그르친 경우에는 그 결과를 겸허히 받아들여 노여워하는 기색을 얼굴에 드러내지 말아야 한다고 가르친다. 이런 점을 보면 한비자가 요구하는 리더의 정신적 깊이가 얼마나 깊은지 가늠해볼 수 있다.

진정한 리더는 일이 실패로 돌아간 경우에도 조직원의 무능만 탓할 것이 아니라 '과연 상황과 때가 우리에게 적합했는가'를 따져보는 혜안과 통찰력을 가져야 한다. 만약 그러지 않고 나쁜 결과의 원인을 조직원의 탓으로만 귀결시킨다면 '돌처럼 굳건한 마음을 갖고 있었던' 조직원도 그 마음이 떠날 수 있다는 점을 한비자는 지적하고 있는 것이다.

리더는 성과 못지않게 사람의 마음을 얻어야 한다

성과는 일의 종류에 따라, 또는 그 일이 진행되는 시점에 따라 좋을 수도 있고 나쁠 수도 있다. 하지만 더 중요한 것은 그 일을 진행하는 '사람'이다.

리더는 '성과'를 얻는 것 못지않게 '조직원의 마음'을 얻어야 한다. 신상필벌은 중요하다. 하지만 그것이 만능 키가 아니라는 점을 명심해야 한다. 사람의 마음은 결과에 따른 채점을 근거로 한 신상필벌만으로는 얻을 수 없기 때문이다. 그 한계점을 뛰어넘는 리더로서의 큰 마음과 결단, 여유를 보여주는 것은 리더를 더욱 리더답게 만들어주는 궁극의 힘이다.

회사를 경영하다 보면 숱하게 많은 난관을 만난다. 그런데 좋지 않은 결과가 발생했을 때마다 조직 구성원들의 탓으로만 돌린다면 정작 문제의 핵심은 해결되지 않은 채 반복될 가능성이 높다. 따라서 리더는 문제가 발생했을 때 그 원인이 누군가의 과오나 태만 때문인지, 혹은 아직 때와 조건이 무르익지 않은 때문인지 지극히 냉정하게 파악해야 한다. 그래야 충심으로 일하던 직원들을 잃는 일을 방지할 수 있다.

사람의 마음을 얻고자 하는 리더라면 다음 세 가지를 꼭 한번 점검해보기 바란다.

첫째, 진행하던 프로젝트의 결과가 실망스러웠을 때, 관련자들로부터 충분한 설명을 듣고 그 원인을 차분하게 복기해보았는가?

둘째, 진행하던 프로젝트가 좌절됐을 때 정확한 원인을 따져보지도 않고 담당자들에게 화를 내거나 실망을 토로한 적은 없는가?

셋째, 프로젝트의 실패를 이유로 징계를 내리거나 질타를 한 것 때문에 회사를 떠난 임원이나 직원은 없는가?

어떤 군주도 홀로 나라를 다스릴 수 없고, 어떤 CEO도 혼자서 회사를 경영할 수 없다. 리더십을 굳건하게 세우면서도 사람의 마음을 얻는 법은 이토록 단순하면서도 어려운 법이다.

작은 조짐을 꿰뚫어보는 통찰의 힘

기자는 상아 젓가락을 보고 천하의 화근을 미리 알 수 있었다.
그러므로 '작은 것을 꿰뚫어보는 것을 가리켜
명이라 한다'고 하는 것이다.

《한비자》 제21편 〈유로喩老〉

━━━━━━━ 젊은 CEO들을 위한 경영·법률 스쿨을 운영한 적이 있다. 당시 참가자들의 요청에 따라 경영 멘토로 최 회장을 어렵게 모셨다. 나는 그분을 잘 몰랐으나 젊은 CEO들 사이에서는 대단한 평판을 갖고 있는 분이었다. 최 회장은 70세가 넘은 나이에도 아직까지 현장에서 업무를 진두지휘하고 있는 야전사령관 스타일의 CEO였다.

이런 최 회장이 후배 CEO들에게 특강을 통해 강조한 것이 있는데, 바로 "어떤 일이든 원인 없이 발생하지는 않으며, 큰일이 터지기 전에는 반드시 작은 원인들이 조금씩 드러나기 마련이다"라는 점이다. 최 회장은 유능한 리더들은 이러한 미세한 조짐들에 민감해야 한다고 강조하면서, 특히 CEO들이 감지해야 할 세 가지 조짐에 대해 설명했다.

첫째, 핵심 직원들이 회사를 떠날 때다. 표면적으로 내세우는 이유는 서로 다를 수 있겠지만, 핵심 직원이라고 생각하던 사람들이 회사를 떠나고 있다면 이는 무조건 CEO가 경영을 잘못하고 있다는 것으로 생각하고 스스로를 냉정히 되돌아봐야 한다. 직원들은 하루아침에 이직이나 퇴사를 결심하지 않는다. CEO는 회사 내부에 무언가 고질적인 문제가 퍼져 있음을 깨닫고 신속하게 원인을 찾아 이를 개선하기 위해 노력해야 한다.

둘째, 거래처나 파트너사에서 불만 섞인 요구 사항이 반복적으로 제기될 때다. 거래처나 파트너사의 불만 사항이 반복적으로 제기되는 것은 내부 관리 시스템에 문제가 있음을 알려주는 가장 정확한 신호이며, 이런 일이 반복된다면 결국 법적 분쟁으로까지 비화될 수 있다. 아무리 관계가 좋았다고 하더라도 자신들의 불이익을 감수하면서까지 좋은 관계를 유지하려 하지는 않는다. 그들의 불만 사항에 대해 애써 변명하거나 반론하려 하지 말고 무조건 내부를 점검해야 한다.

셋째, 진행하던 프로젝트가 연이어 원하는 대로 좋은 성과를 낼 때다. 최 회장은 앞의 두 가지 경우보다 세 번째가 가장 중요하다고 말했다. 일이 마음먹은 대로 잘 풀리지 않으면 괴롭고 힘이 빠질 수는 있지만 더 신중해진다. 하지만 일이 마음먹은 대로 잘 풀리게 되면 그때부터는 신중함이 덜해지고 자만에 빠지기 쉬우며 세부적인 사항을 놓치게 되는 경우가 있다. 최 회장 본인도 결정적인 실수는 대부분 사업적으로 좋은 성과가 있은 직후에 나왔다고 한다. 좋은 성과가 도출되어 직원들이 기뻐하고 뿌듯해할 때, 자만과 무사안일이 생길 수 있음을 경계해야 한다.

최 회장은 이런 세 가지 조짐에 대해 심각하게 받아들이고 신속하게 대응했던 것, 그것이 오랫동안 큰 실수 없이 사업을 계속하게 해준 원동력이라고 말했다.

사소한 징후 속에서 미래를 읽어라

미국 보험사에서 사고 분석을 담당하던 윌리엄 하인리히(William Heinrich)는 노동재해 사건들을 대상으로, 사고가 어떤 방식으로 발생하는지에 대한 실증적 연구를 시행했다. 그리고 "큰 사고가 일어나기 전에 반드시 유사한 작은 사고와 사전 징후가 있다"는 사실을 밝혀냈다.

예를 들어 노동재해로 인해 중상자가 한 명 나왔다면 같은 원인으로 이전에 경상자가 29명이 발생한 것이고, 또 그전에 운 좋게 재난을 피하기는 했지만 같은 원인으로 부상당할 우려가 있는 잠재적 상해자가 300명이 관측된다는 것이다.

이것을 '하인리히 법칙'이라고 하는데, 이 법칙은 보험 업계뿐만 아니라 일반적인 리스크 매니지먼트 분야에서도 유명세를 얻게 되었다. 이 법칙은 모든 사고는 사전에 충분한 조짐과 기미를 노출하며, 그것을 방관하게 되면 결국 큰 사고를 당할 위험이 있다는 점을 알려준다. 즉 별일 아닌 것처럼 보이는 작은 변화나 징후 속에 숨겨진 것들을 예민하게 포착해야 한다.

특히 지금처럼 하루가 다르게 시대가 변화하는 때일수록 이러한 통찰이 반드시 필요하다. 통찰, 즉 '인사이트(insight)'는 'in'과 'sight'의 결합어로 예리하게 꿰뚫어보는 능력을 말한다. 나는 이 단어 못지않게 '포사이트(foresight)'라는 단어를 좋아한다. 이 단어는 'fore'와 'sight'의 결합어로, 선견지명이나 예지력 등으로 번역될 수 있을 것이다. 인사이트는 인사이트로만 끝나서는 안 된다.

미래를 읽어내는 포사이트로 연결되어야 한다.

한비자는 현재에 일어나는 사건을 허투루 보아 넘기지 않고 예민하게 집중하면 충분히 미래를 예측할 수 있다는 점을 '기자(箕子)'의 사례를 통해 설명한다. 다음은 《한비자》〈유로喻老〉편에 소개된 일화다.

옛적에 주왕(紂王)이 상아로 젓가락을 만들자 (주왕의 숙부인) 기자(箕子)가 이를 보고 두려워했다. 기자는 생각했다.

'상아 젓가락이라면 이를 질그릇에 얹을 수는 없고 반드시 옥그릇을 써야 할 것이다. 상아 젓가락과 옥그릇이라면 콩잎으로 국을 끓일 수 없으며 반드시 모우(털이 긴 희귀한 소)나 코끼리 고기, 또는 어린 표범 고기라야만 어울릴 것이다. 모우나 코끼리 고기, 어린 표범 고기라면 해진 짧은 옷을 입고서 띠지붕(띠풀로 지붕을 이은 보잘것없는 집) 밑에서 먹을 수는 없으며 반드시 비단옷을 겹겹이 입고 넓은 고대광실에서 먹어야만 할 것이다. 나는 마지막이 두렵다. 그래서 그 시작을 불안해한다.'

5년이 지나 주왕이 고기를 늘어놓고 포락(고기를 굽는 숯불 장치)을 펼치며 술지게미 쌓은 언덕을 오르고 술 채운 연못에서 놀았다. 은(殷)나라는 결국 그 때문에 멸망했다. 기자는 상아 젓가락을 보고 천하의 화근을 미리 알았던 것이다.

'주왕이 상아 젓가락을 선택했다'는 사실에서 '그는 탐욕을 채

우려 하는 본성을 가졌다는 점을 파악한 것'이 기자의 통찰력이다. 나아가 '주왕의 탐욕이 커지면 결국에는 왕조 자체가 위험에 빠지리란 점을 예측한 것'은 기자의 예견력이다. 한비자는 이 일화를 통해서 "작은 조짐을 꿰뚫어볼 수 있는 것을 가리켜서 '밝음[明]'이 있다고 한다"라고 했다. 이 밝음을 현대에 가져와 풀어보면 현재의 사실에서 미래를 예측하는 통찰력이라고 할 수 있을 것이다.

모든 일은 그 뒤에 흔적을 남긴다. 반대로 어떤 일이 일어나기 전에는 발생의 조짐이나 기미를 보여주는 법이다. 조직의 리더라면 항상 예민한 촉각을 유지하여 조직 전체에 영향을 줄 수 있는 조짐이나 기미를 잘 간파하고 그에 따른 대비를 해야만 한다.

통찰력은 하루아침에 생기지 않는다

몸이 아파도 병원 가기를 미루다가 뒤늦게 병원에 가면 의사들이 흔히 이런 말을 한다.

"병이 가벼울 때 왔으면 치료가 훨씬 더 잘되었을 텐데 너무 늦게 와서 치료가 더 어렵고 복잡하게 되었습니다."

《한비자》에도 유사한 일화가 나온다. 다음은 〈유로〉편에 소개된 이야기다.

편작이 말했다.

"병이 피부에 있을 때는 찜질로 치료하면 되고, 살 속에 있을 때는 침을 꽂으면 되며 장과 위에 있을 때는 약을 먹으면 됩니다. 그러나 병이 골수에 있을 때는 신이 관여한 것이라 방법이 없습니다. 지금 군주의 질병은 골수까지 파고들었으므로 어찌할 방법이 없습니다. 그래서 신이 아무것도 권하지 않았던 것입니다."

그로부터 닷새 뒤 환후가 몸이 아파 편작을 찾았지만, 편작은 이미 진(晉)나라로 도망간 뒤였다. 환후는 결국 죽었다.

훌륭한 의사가 병을 치료할 때는 피부에 있을 때 고치려고 하는데, 이것은 모두 작은 것에서 해치우려고 한 것이다. 일의 화와 복역시 병이 피부에 있을 때 치료하는 것과 같다. 그러므로 성인은 일찍 일을 보고 처리했다.

조직 경영에 있어서도 작고 사소한 문제라고 해서 간과했다가는 후회할 일이 생기게 마련이다. 성인이 일찍 일을 보고 처리했듯이, 리더도 현재로선 대수롭지 않아 보여도 장차 크게 발전할 문제라고 판단되면 당장에 조치를 취해야 한다.

그런데 작은 징후와 조짐에서 미래 향방을 가늠할 수 있는 혜안과 지혜는 하루아침에 생겨나지 않는다. 리더가 냉철하고 맑은 마음으로 자기 자신과 조직, 회사의 현 상황을 객관적으로 바라보는 시간을 주기적으로 가질 때, 가까스로 생길 수 있다.

그러나 내가 만나본 많은 CEO들은 대부분 너무 바쁘게 생활하고 있다. 과도한 스트레스와 잦은 음주, 빡빡한 스케줄 등으로 하루하루 버텨내기 급급한 모습을 자주 접하게 된다. CEO의 자리는 바쁠 수밖에 없는 자리이지만, 그런 와중에도 상황에 휩쓸려 무엇인가를 놓치고 있는 것은 아닌지 차분히 돌아보는 기회를 가져야 한다.

당신은 어떤 리더가 되고 싶은가?

• 첫 번째 유형: 미래에 닥쳐올 변화를 미리 감지하고 이에 대응할 준비를 하며, 그 과정에서 변화의 방향도 바꿀 수 있는 리더.
• 두 번째 유형: 변화에 순응하는 리더.
• 세 번째 유형: 상황이 변화했음에도 그것을 감지하지 못하거나 "왜 이렇게 빨리 변화하는 거야?"라고 불평하는 리더.

당연히 첫 번째 유형의 리더가 되고 싶을 것이다. 그러기 위해 "나는 그 마지막이 두렵다. 그래서 시작을 불안해한다"라고 한 기자의 말을 잊지 말기 바란다.

초심을 잃지 말고 끊임없이 노력하라

언제까지나 부강한 나라도 없고 언제까지나 허약한 나라도 없다.
법을 받드는 자가 단단하면 나라가 강해지고,
법을 받드는 자가 연약하면 나라가 약해진다.

《한비자》 제6편 〈유도有度〉

━━━━━━━━━ M컨설팅은 기업 CEO와 임직원들을 대상으로 다양한 교육 프로그램을 진행하는 회사다. 이 회사의 허 대표는 대기업에서 고속 승진하며 일하다가 기업이 분식회계로 인해 철퇴를 맞고 공중분해되는 바람에 졸지에 실업자 신세가 됐다. 재기를 위해 사업 아이템을 물색하던 허 대표는 이전부터 관심을 갖고 있던 직원 교육과 관련한 아이템을 선정하여 M컨설팅을 설립했다.

물론 처음에는 만만치 않았다. 하지만 꾸준히 강의 콘텐츠를 개발하고 공격적인 마케팅을 펼치면서 세심한 고객 관리를 해온 결과, 이제는 고정 고객 회사만 100여 개가 넘는 국내 정상급 교육 회사로 성장하는 쾌거를 이뤘다. M컨설팅을 키우는 과정에서 허 대표는 본인이 솔선수범하여 열심히 강의 콘텐츠를 개발했고, 본인도 강사로 강의를 진행했다.

허 대표는 회사 대표랍시고 뒷전에 앉아만 있지 않았다. 60세가 넘었지만 최일선에서 강의를 하고 있으며, 더 나아가 강의 주제도 계속해서 변화와 발전을 꾀하고 있다. 그는 지금도 일주일에 10여 권의 신간 서적을 읽고 연구하면서 자신의 강의 내용을 보완한다.

M컨설팅에는 혹독하다고 소문날 정도의 '강사 평가 시스템'이 있다. 회사에서 운영하는 모든 강의에 대해 수강생들이 무기명으

로 평가를 하도록 하고, 이 평가에서 하위 20퍼센트의 점수를 받은 강사는 반기별로 어김없이 교체를 단행하고 있다.

놀라운 것은 허 대표 역시 자신이 진행하는 강의에 대해 '계급 장 떼고' 객관적인 평가를 받고 있다는 점이다. M컨설팅의 임직원이나 강사들과 대화를 해보니, 대표가 직접 나서서 철저한 검증 무대에 선다는 점에 대해 상당한 자부심을 갖고 있다는 것을 느낄 수 있었다.

어떤 조직에서는 대표의 솔선수범이 부담이 될 수도 있겠지만, M컨설팅은 R&D가 필수적인 교육기관이니만큼 리더의 솔선수범이 조직 자체를 건강하게 만들고 있었다. 이에 대해 허 대표는 다음과 같이 이야기를 했다.

"물론 저도 부담스럽지요. 아무래도 젊은 친구들의 반짝반짝하는 아이디어를 따라가기 쉽지 않으니까요. 그래도 이 나이에 파워포인트뿐만 아니라 프레지(prezi)라는 새로운 툴도 배우고, 외국에서 발간되는 영문 리포트도 꾸준히 읽다 보면 저 스스로 발전하는 느낌이 들어서 좋아요. 이런 제 움직임이 조직에 긍정적인 영향을 주고 있다는 점은 고마운 일이지요. 믿고 따라주는 직원들이 그저 감사할 뿐입니다."

리더는 현재에 안주하는 것을 경계해야 한다

그동안 수많은 사람들을 만나고 지켜보니, 직원일 때는 늘 열정적으로 변화를 꾀하며 노력하던 사람도 조직의 최고 책임자가 되면 뒤로 물러나 직원들을 감시하고 통제하는 데에만 신경을 곤두세우는 경우가 꽤 많다. 그런데 허 대표는 그렇지 않았다. 본인이 앞장서서 냉엄한 평가의 무대에 올라서고, 뒤처지지 않기 위해 끊임없이 새로운 것을 배우면서 발전을 멈추지 않았다.

한비자 역시 군주에게 "현재에 안주하려는 마음을 지속적으로 경계해야 한다"고 강조했다. 《한비자》〈유도〉편에 이런 문장이 나온다.

> 언제까지나 부강한 나라도 없고 언제까지나 허약한 나라도 없다. 법을 받드는 자가 단단하면 나라가 강해지고, 법을 받드는 자가 연약하면 나라가 약해진다.

이 문장은 법치의 중요성을 강조하고 있다. 《한비자》 제6편의 제목인 유도(有度)는 "나라를 다스리는 데에는 법도가 필요하다"는 것을 뜻한다. 그러나 이 문장을 가만히 음미해보면, 한 번 강했다고 해서 계속 강하지도 않고 한 번 약했다고 해서 계속 약하지도 않는 법이기에 '현재에 안주하지 말고 지속적으로 경계하며 발전하기 위해 노력을 해야 한다'는 의미가 내포되어 있다.

조직이 어느 정도 안정화되면 리더는 현재에 안주하기 십상이다. 그렇게 되면 고인 물이 썩는 것처럼 조직은 급격한 조로화(早老化)가 진행되고, 리더는 아랫사람들을 닦달하기 시작한다. 그런데 리더는 현재의 안정에 머물러서 편하게 지내려고 하면서 아랫사람들에게만 변화와 발전을 요구한다면 어떻게 될까. 겉으로야 따르는 척할 수도 있겠지만 그냥 형식적인 시늉만 내다가 끝내는 경우가 많을 것이다.

오늘날 경영 현황은 하루가 다르게 급변하고 있다. 이런 상황에서 리더가 옛것에 매몰되어 있거나, '나도 그거 해봤어'라는 식으로 과거 경험치에 근거한 고리타분한 권위 의식을 버리지 못하면 그 조직은 이미 건강하지 못한 상태로 진입했다고 볼 수 있다.

특히 작은 성공을 맛본 리더일수록 현재에 안주하려는 자만심이나 게으름을 경계해야 한다. "어제는 정답이었던 것이 오늘과 내일의 상황에서는 정답이 아닐 수 있다"라는 말이 있지 않은가. 과거의 성공 경험을 마치 불변의 정답인 양 집착하면서 새로운 시도나 변혁을 거부하는 리더들을 적잖이 만나곤 한다. 하지만 그들이 조만간 직면하게 될 현실은 지속적인 안정도, 반복되는 성공도 아니다. 오히려 하강 곡선을 그리며 빛을 잃어가는 늙고 병든 조직이 그들을 기다리고 있을 뿐이다.

급변하는 경영 현실 속에 불변의 정답은 없다

한비자가 활동하던 때는 인의(人義)와 덕(德)의 정치를 강조하는 유가(儒家)의 활동이 왕성했다. 유가는 인의와 덕으로 나라를 다스린 요(堯)나라와 순(舜)나라의 왕, 그리고 주(周)나라 무왕(武王)을 롤모델로 여겼다. 그래서 공자는 끊임없이 요순시대를 그리워하고 주나라의 문화를 따를 것을 주장했다. 그렇지만 한비자는 한 치 앞

을 내다보기 힘든 전국시대의 혼란한 상황에서 이러한 유가의 주
장은 현실성이 없다고 보았다.

《한비자》〈오두五蠹〉편에는 다음과 같은 이야기가 나온다.

> 송나라 사람이 밭을 매고 있었다. 밭 가운데에 그루터기가 있었
> 는데 토끼가 뛰어가다가 그루터기에 부딪혀 목이 부러져 죽었다.
> 그 광경을 본 송나라 사람은 쟁기를 버리고 그루터기를 지키며 다
> 시 토끼가 그루터기에 부딪히기를 원했지만 다시는 토끼를 얻을
> 수 없었다. 오히려 송나라 사람의 웃음거리만 되었다. 지금 선왕의
> 정치를 가지고 오늘날의 백성을 다스리려 하는 자들은 모두 그루
> 터기를 지키고 있는 부류와 같다.

여기에서 어리석은 요행을 바라는 것을 빗대어 말하는 '수주대
토(守株待兎)'라는 사자성어가 나왔다. 한비자는 주변 상황은 바뀌
고 있는데 계속 옛것에만 매몰되어 있는 송나라 사람의 비유를 통
해 과거에 매몰되지 말 것을 경고했다. 세상에는 영원한 강자도 영
원한 정답도 존재하지 않는다. 기업 조직도 마찬가지다. 끊임없이
변화하는 상황 속에서 때에 알맞은 정답을 찾는 노력을 게을리하
지 않아야 한다. 그것이 바로 조직의 생존력이자 리더의 생존력이
된다.

외부 여건이 힘들어질수록 변화와 발전의 원동력은 내부에서 비
롯되어야 한다. 그리고 그 변화의 시발점은 바로 조직의 모든 책임

을 지고 있는 리더가 되어야 한다. 과연 누구의 눈빛과 의지가 달라질 때, 조직 전체에 가장 큰 영향을 미치겠는가? 두말할 나위 없이 리더다.

조직 구성원들이 바뀌지 않음을 한탄하기 전에 리더부터 초심으로 돌아가 뜨거웠던 심장 소리를 다시 한번 들어보자. 과연 그때의 열정과 야성이 아직도 가슴속에 살아서 꿈틀거리는지 스스로 확인해보자.

하늘은 우리를 위해 비를 내리지 않고, 땅은 우리를 위해 꽃을 피워내지 않는다. 산에 오르려 하면 폭우가 내리고, 바다로 떠나려 하면 풍랑이 인다. 이것이 인생이요, 사업이다. 운이 따르지 않는다고 생각하고 누군가를 원망하는 대신, 그 정도의 걸림돌과 악조건은 늘 닥칠 수 있는 상수(常數)로 여기는 결연한 마음 자세가 필요하다. 초심을 잃지 말고 결연히 앞으로 나아갈 수 있다면 어떤 위기가 닥쳐와도 단단한 내공으로 극복할 수 있을 것이다.

辯

변: 한비자를 위한 변명

한비자의 인간관에 대하여

◆ 검찰의 기소

존경하는 배심원 여러분,《한비자》라는 책은 사람에 대한 불신과 나쁜 면만을 강조하고 있는 악서입니다. 〈비내〉편의 내용을 한번 보시죠.

> 그 옛날 이름난 마부 왕량이 말을 사랑하고 월(越)나라 왕 구천 (句踐)이 신하를 사랑한 것은 말을 달리게 하고 사람을 전쟁으로 내몰기 위해서였다. 의사가 환자의 상처를 빨아 입으로 고름을 뽑는 것은 돈벌이를 위해서다. 수레를 만드는 사람은 모든 사람이 부자가 되기를 원하고, 관을 만드는 사람은 사람들이 모두 빨리 죽기를 바란다. 왜냐하면 사람들이 부자가 되지 않으면 수레를 사지 않고, 죽지 않으면 관을 살 사람이 없기 때문이다.

이처럼 한비자는 사람을 움직이는 동력이 오로지 '이익'에 있다는 점만을 강조하고 있습니다.

과연 이것이 바람직한 접근일까요?

◆변호인의 변론

검사님이 제시하신 이 문구는 《한비자》를 통틀어 가장 자주 인용되는 문구 중 하나일 것입니다. 검사님은 이 문구를 제시하면서 "한비자는 인간을 이기적인 존재로만 보았다"라든가 "한비자는 성악설(性惡說)에 바탕을 둔 부정적인 인간관을 갖고 있다"라고 주장합니다. 혹자는 "한비자는 예(禮)와 같은 도덕은 믿지 않았다"라는 평가까지 합니다.

그럼 우리는 한비자의 인간에 대한 관점을 어떻게 바라봐야 할까요?

한비자가 인간을 움직이는 동인(動因)이 이익에 있다고 본 것은 맞습니다. 하지만 이는 인간이 '악(惡)'한 존재라서 그렇다기보다는 '약(弱)'한 존재이기 때문이라는 것이 본 변호인의 생각입니다.

가진 것이 많은 이는 굳이 이익에 민감한 반응을 보일 필요가 없습니다. 오히려 그들은 얼마든지 여유를 부릴 수 있겠지요. 하지만 그렇지 못한 이들은 어떻게든 생존을 위해 두 눈 부릅뜨고 거친 세파를 헤쳐가야만 합니다.

한비자는 인간의 본성이 고귀하고 인(仁)에 바탕을 두고 있다고 아무리 말해도, 막상 현실에서는 그 모든 것들이 허울 좋은 장식으로 전락해버리고 마는 약육강식의 춘추전국시대를 두 눈으로 지켜봤습니다. 그래서 인간이 원래 악한 존재가 아니라 약한 존재라는 사실을 냉철하게 깨달은 게 아닐까요?

결국 한비자는 책이 아닌 손에 잡히는 세상 속에서 하루하루 힘겨운 삶을 살아내는 사람들의 현실 위에 자신의 철학적·논리적 기반을 구축하려 한 것으로 보입니다. 이처럼 어찌할 수 없는 현실을 바탕에 두고 있기에 한비자의 논법은 오히려 더 인간적으로 다가옵니다.

아픈 현실을 외면하지 않고 직면하려 한 점에서 《한비자》의 가치는 재평가되어야 한다고 생각합니다. 본 변호인은 바로 이 점에서 《한비자》는 '실전적인 삶의 지침서'라는 평가를 받아야 하며, 다시 주목받아야 한다고 강력하게 주장합니다.

한비자는 정말 억압적인 공포정치를 주장했을까?

◆검찰의 기소

존경하는 배심원 여러분! 한비자는 '엄격한 법'을 통해 공포정치를 시행해야 한다고 주장합니다. 그래야만 군주의 권위가 선다고 주장하는 것이죠. 과연 이런 케케묵은 주장이 오늘날에도 적용 가능하다고 생각하십니까? 《한비자》야말로 전제 왕권을 옹호하는 시대착오적인 서적이며 재고의 가치도 없다는 점을 지적합니다.

◆변호인의 변론

배심원 여러분, 우리가 어떤 내용을 비판할 때는 텍스트(text)를 뛰어넘는 콘텍스트(context), 즉 맥락을 파악할 수 있어야만 합니다. 맥락을 파악하지 못하고 단순히 문구에만 사로잡혀 그 사람의 사상을 비난하는 것은 대단히 경솔하고 위험한 일입니다.

한비자가 공포정치를 옹호했다는 검사님의 주장, 전 결코 받아들일 수 없습니다.

한비자가 표적으로 삼은 것은 일반 백성들이 아니라 군주의 주위에서 군주의 눈과 귀를 가리고 자신들의 이익만 챙기는 권신들

286

입니다. 《한비자》의 〈고분〉편에 그 내용이 자세히 나옵니다. 여기서는 권력을 갖고 군주를 현혹하면서 백성들에게 횡포를 부리는 권신을 '중인(重人)'이라고 칭하고 있습니다.

중인이란 명령 없이 제멋대로 행동하며 법 규정을 무너뜨려 사익을 취하고 국가 재정을 빼돌려 자가의 편의를 도모하며 힘으로 능히 군주를 조종할 수 있는 자다. 이런 자가 바로 중인이다. (중략) 정치 요직에 있는 자가 중추부를 장악하여 마음대로 조종한다면 나라 안이나 밖에서 모두가 그를 위하여 움직이게 될 것이다. 이런 까닭에 제후들도 그에게 의지하지 않으면 일이 되지 않으므로 상대국들도 그를 칭송하게 된다. 신하들은 그에게 의지하지 않으면 일이 진척되지 않으므로 여러 신하들도 그를 위해 일한다. 낭중(郎中)의 시종들도 그에게 의지하지 않으면 군주 가까이에 접근할 수 없으므로 측근들도 그를 위해 잘못을 숨겨준다. 학사들은 그에게 의지하지 않으면 봉록이 적고 예우가 낮아지므로 그를 위하여 변호하게 된다. 이 네 가지 도움이야말로 사악한 중신들이 자신을 스스로 분장하는 수단이다.

즉 중인이 큰 권력을 휘두르면 그 아래의 제후, 백관, 시종, 학사들이 모두 중인의 입맛에 맞춰 행동할 것이고, 결국 나라가 망하는 길로 이르게 된다는 점을 경고하고 있습니다.

한비자는 처음부터 끝까지 군주에게 강조합니다.

"군주여, 권력을 가진 군주여, 정신 바짝 차리고 그 권력을 제대로 사용하소서!"

이처럼 한비자가 군주에게 주의를 촉구한 대상은 부당한 권력을 휘두르는 권신이라는 점을 감안한다면, 한비자가 공포정치를 옹호했다는 검찰의 주장이 얼마나 터무니없으며 단순한 음해에 불과한 것인가를 알 수 있습니다.

특히 권력층의 비리로 인해 국민들에게 큰 박탈감을 안겨주었던 우리의 지난 경험에 반추해볼 때, 한비자가 〈고분〉편에서 외롭게 외친 주장은 얼마나 설득력이 있습니까?

원하는 바를 얻기 위해 수단과 방법을
가리지 않는 것은 부도덕한가

◆ 검찰의 기소

존경하는 배심원 여러분, 검사가 《한비자》를 읽으면서 불쾌했던 부분 중의 하나는 원하는 바를 이루기 위해서는 수단과 방법을 가리지 않는 태도였습니다. 심지어 사람의 마음도 그 수단의 일부가 되곤 합니다. 한비자는 군주를 설득하기 위해서라면 신하는 군주의 비위를 맞추거나 아부까지 해야 한다고 이야기합니다. 아무리 좋은 목적을 갖고 있다 하더라도 그 수단에 정당성이 없다면 이는 결코 바람직하지 않다는 것이 검찰의 생각입니다. 독일의 철학자 칸트(Immanuel Kant)도 인간을 결코 수단으로 대해서는 안 되며, 목적 그 자체로 대해야 한다고 주장하지 않았습니까? 과연 이런 책을 읽는 것이 옳은 일일까요?

◆ 변호인의 변론

존경하는 배심원 여러분, 저는 검찰의 기소 내용에 대해서 정말 드릴 말씀이 많습니다. 오히려 변호인의 변론을 들어보시면 한비자가 얼마나 대단한 인물인지를 알게 될 것이라 믿습니다.

한비자는 아무리 좋은 생각을 가진 개혁가라 하더라도, 좋은 뜻만 가지고는 결코 개혁을 성공시킬 수 없다고 가르칩니다. 《한비자》를 읽어보면 마치 한비자는 의지 충만한 개혁가들에게 이렇게 말하는 듯합니다.

"좋은 뜻만으로 군주를 설득할 수 있다고 생각하는 것은 지극히 순진한 생각이오. 당신들은 우선 군주를 둘러싸고 있는 권신들을 뛰어넘어야 하오. 당신의 입만으로 세상이 바뀌리라고 생각하지 마시오. 그렇게 좋은 뜻이 있다면 세상을 위해 써야 하지 않겠소? 어느 곳에서도 쓰이지 않는다면 그게 무슨 소용이 있겠소. 그러니 권력의 본질, 권력의 어쩔 수 없는 속성을 이해하시오. 그래야 당신의 뜻을 펼칠 수 있소."

《한비자》〈고분〉편에는 좀 더 적나라한 이야기들이 나옵니다.

군주와 소원한 관계를 가진 자가 군주 가까이에서 총애받고 신임받는 자와 겨룬다면 객관적으로 이길 승산이 없고, 신참의 몸으로 군주와 오래도록 친숙한 자와 겨룬다면 객관적으로 이길 승산이 없다. 군주의 의향에 거슬리는 처지에서 군주의 좋고 싫음을 잘 맞추는 자와 겨룬다면 이길 승산이 없다. 오직 혼자만의 입을 가지고 온 나라가 칭송하는 자와 겨룬다면 객관적으로 이길 승산이 없다.

개혁가들은 이러한 현실을 똑똑히 인식해야만 군주와 가까워질 수 있습니다. 충직한 신하 이윤이 아무리 좋은 조언을 해도 탕왕은 이를 무시했습니다. 이윤은 탕왕이 요리를 좋아한다는 이야기를 듣고, 그때부터 요리를 배운 뒤 궁중 요리사가 됩니다. 이윤은 정책에 대한 조언은 하지 않은 채 탕왕이 좋아하는 요리를 대접하면서 신임을 얻습니다. 탕왕은 이윤이 바치는 맛있는 요리를 계속 먹으면서 그와 친해진 다음에서야 이윤의 조언을 받아들였습니다.

맹자는 "말을 해도 듣지 않으면 조언을 맡은 자는 그 자리에서 물러나야 한다"라고 했습니다. 하지만 한비자는 "말을 해도 듣지 않으면 조언을 맡은 자는 어떻게든 그 조언을 받아들일 수 있도록 다양한 수단을 강구해야 한다. 아무리 좋은 의견도 군주가 채택하지 않으면 의미가 없는 일이다"라는 입장입니다. 즉 군주를 설득하는 과정에 술수가 개입되거나 개혁가가 원치 않는 일을 해야 하더라도 이를 이겨내야만 제대로 된 조언을 할 수 있다는 점을 밝히고 있습니다.

저는 오히려 '화끈한' 맹자보다 '용의주도한' 한비자의 접근법이 높은 평가를 받아야 한다고 생각합니다. 배심원 여러분의 현명한 선택을 기대합니다.

인간 본성에 대한 불편한 진실

◆ 검찰의 기소

존경하는 배심원 여러분, 인간에게는 이익에 따라 움직이고 이해
관계를 중요하게 여기는 측면이 분명 있으며 검찰 역시 이런 점을
전면 부인하는 것은 아닙니다.

하지만 처음부터 끝까지 인간에 대한 불신에 기초한 책《한비
자》는 인간에 대한 불신을 조장하는 악서라고 생각합니다. 과연 이
러한 책이 우리에게 줄 수 있는 가치란 무엇이란 말입니까?

책이 모두 교훈적이어야 한다고 주장하는 것은 아닙니다. 하지
만 이처럼 부정적인 면만 강조한 책은 우리 사회에 좋지 않은 영향
을 끼치리란 것이 검찰의 판단입니다.

◆ 변호인의 변론

존경하는 배심원 여러분,《한비자》라는 책을 관통하는 전제가 '인
간은 본질적으로 신뢰하기 어려운 존재'라는 것은 부인할 수 없는
사실입니다. 인간의 본성이 하늘과 닿아 있다는 전통적인 유가의
입장에 익숙한 우리들의 시각에서는 이러한 전제가 심히 언짢을

수밖에 없습니다.

그러나 '이러해야 한다'는 '당위(Sollen)'와 '하지만 실상은 이러하다'라는 '존재(Sein)'는 분명 다를 수밖에 없지 않을까요? 당위와 존재가 항상 같다면 이 세상에 무슨 환란과 분쟁이 있겠습니까?

문득 스스로에게 질문을 해봅니다.

"과연 나는 나를 신뢰할 수 있는가."

"나라는 존재가 과연 '이익'보다는 '인의와 신뢰'에 더 많은 비중을 두고 변함없이 살아갈 수 있을까?"

"법이 없어도 스스로 선과 악에 대한 명확한 준거를 가지고 평생 동안 흔들림 없이 살아갈 수 있을까?"

가만히 생각해보면 이 물음들에 대해 "그렇소!"라고 시원스레 대답할 수 있는 사람은 많지 않을 것입니다. 의지가 약해서도 그렇겠지만, 인간이라는 존재 자체가 어쩔 수 없는 주위 상황 때문에 자신의 신념을 꺾고 이익에 따라 움직일 때도 있다는 점을 부인하기는 힘들 것입니다. 인간이 본래 그런 존재인데, 무조건 인간을 비난할 수 있을까요? 한비자는 '이익에 따라 변할 수도 있는 것이 인간'이라는 전제를 인정하고 자신의 이론을 펼쳐나가고 있음에 주목해야 합니다.

《한비자》는 당위를 다룬 '도덕서'가 아니라 현실에 근거한 뒤 오류와 위험 요소를 최대한 제거하고 예측 가능한 통치를 지향하는 '통치 공학서'입니다. 통치 공학을 다루는 이론이라는 점을 인정한다면 《한비자》가 전제한 인간상은 결코 현실과 동떨어져 있지 않다는 것이 본 변호인의 생각입니다. 물론 불편한 진실이긴 하지만요.

[제5변론]
《한비자》는 현대를 사는 우리에게도 유용한 고전인가

◆검찰의 기소

존경하는 배심원 여러분, 어차피 《한비자》는 제왕의 길을 다루고 있는 낡은 서적입니다. 궁중에서 벌어지는 암투와 이에 대응하기 위한 내용들은 오늘을 살고 있는 우리와 아무런 관련이 없습니다.

고전도 재인식과 재발견의 가치가 있을 때만 의미가 있습니다. 이미 낡아빠진 궁중정치술을 다룬 《한비자》가 오늘에 와서 어떤 의미를 가질 수 있을지 도저히 이해가 가지 않습니다.

아무리 생각해도 《한비자》는 시대착오적인 부적에 불과하다는 느낌을 지울 수 없습니다.

◆변호인의 변론

존경하는 배심원 여러분, 한비자는 춘추전국시대를 온몸으로 겪어 내면서 통치의 부조리를 목격했던 인물입니다. 그런데 통치의 중심에 위치한 권좌에 오르는 이들의 면면은 결코 뛰어나지 않다는 것을 발견했습니다. 단순히 아버지가 왕이라는 이유만으로 왕위에 오른 평범한 군주는 십수 년 넘게 권력의 근처에서 생존해왔던 권

: 295

신들에 의해 좌지우지되면서, 부여받은 권력을 제대로 사용하지도 못하기 일쑤입니다. 그러니 자연히 국정은 혼란해지고 민초들이 도탄에 빠지게 됩니다. 바로 이런 점에서 철인들이 통치하는 이상적인 국가를 전제한 플라톤(Plato)의 국가와 한비자가 실제로 경험한 국가 사이에는 엄청난 거리감이 있습니다.

한비자는 평범한 사람도 권좌에 오르면 그에 걸맞은 역할과 권한을 올바르고 능수능란하게 행사해야 한다고 생각했고,《한비자》는 그 생각을 구현하기 위한 필독서입니다. 이런 이유로《한비자》는 어려운 정치 이론을 다루는 게 아니라 수많은 사례를 다양하게 변주하면서 군주에게 정신 무장을 시키고 있습니다.

독재를 일삼는 군주의 해악 못지않게 권신들에게 휘둘려서 자신의 권한을 제대로 행사하지 못하는 군주의 해악 역시 큰 법입니다. 우선 칼을 쥐었다면 자의건 타의건 목적 추구의 방식과 싸움의 양상에 따라 결과가 달라집니다. 정신의 균형을 잃은 사람에게 칼을 맡겨서는 안 되지만, 마찬가지로 칼을 잡고 쓸 줄 모른다는 것도 위험하며 결과적으로 안전을 의탁하는 사람들에게는 죄악이 될 것입니다.

한비자는 '군주는 아무리 못나도 군주다'라는 전제하에, 평범한 군주 내지는 평범한 수준 이하인 군주라 하더라도 법·술·세, 이 세 가지 도구를 통해 본인의 역량을 강화해야 한다고 말합니다. 그래야 호시탐탐 군주의 권력을 침탈하려는 권신들의 음모를 분쇄할 수 있으며, 나아가 백성들에게 평안한 삶을 보장해줄 수 있다고 주장했습니다. 결국 한비자의 모든 주장은 평범한, 또는 수준 이하의 군주를 전제로 그들에게 강력하고 흔들리지 않을 통치의 노하우를 전수해주려는 것입니다.

오늘날도 마찬가지입니다. 불세출의 영웅이 아닌 보통 사람이 어느 날 덜컥 리더가 되고 CEO가 되어 여러 사람의 운명을 책임져야 하는 상황이 벌어지곤 합니다. 일단 리더의 자리에 올랐다면 제대로 된 통치를 해야만 합니다. 그렇지 않으면 그에게 의탁한 많은 사람들을 불행으로 이끌게 됩니다.

《한비자》는 낡은 궁중정치술이 아니라 평범한 리더가 어떻게 조직을 장악하고 자기를 단련시켜 나가야 하는지에 대한 예리한 지침서인 바, 바로 그 점에서 21세기를 사는 우리에게 여전히 큰 의미를 던져주고 있습니다.

[참고 문헌]

— 가이즈카 시게키, 《한비자 교양강의》, 이목 역, 돌베개, 2012.

— 김원중, 《한비자의 관계술》, 위즈덤하우스, 2012.

— _____ , 《한비자, 관계의 기술》, 휴머니스트, 2017.

— 김태관, 《왜 원하는 대로 살지 않는가?》, 홍익출판사, 2012.

— 모리야 아쓰시, 《논어로 망한 조직 한비자로 살린다》, 하진수 역, 시그마북
  스, 2017.

— 민경서 엮, 《한비자 인간경영》, 일송미디어, 2001.

— 신동준, 《왜 지금 한비자인가》, 인간사랑, 2014.

— 이상수, 《한비자, 권력의 기술》, 웅진지식하우스, 2007.

— 이철, 《가슴에는 논어를, 머리에는 한비자를 담아라》, 원앤원북스, 2011.

— 한비, 《한비자》, 김원중 역, 글항아리, 2010.

— 한비자, 《한비자》, 김원중 역, 휴머니스트, 2016.

리더는 하루에 백 번 싸운다

정답이 없는 혼돈의 시대를 돌파하기 위한 한비자의 내공 수업

초판 1쇄 2019년 8월 28일
초판 19쇄 2023년 3월 15일

지은이 | 조우성

발행인 | 문태진
본부장 | 서금선
디자인 | design co*kkiri

기획편집팀 | 한성수 임은선 임선아 허문선 최지인 이준환 이보람 송현경 이은지 유진영 장서원 원지연
마케팅팀 | 김동준 이재성 박병국 문무현 김윤희 김혜민 이지현 조용환
디자인팀 | 김현철 손성규   저작권팀 | 정선주
경영지원팀 | 노강희 윤현성 정헌준 조샘 조희연 김기현 이하늘
강연팀 | 장진항 조은빛 강유정 신유리 김수연

펴낸곳 | ㈜인플루엔셜
출판신고 | 2012년 5월 18일 제300-2012-1043호
주소 | (06619) 서울특별시 서초구 서초대로 398 BnK디지털타워 11층
전화 | 02)720-1034(기획편집) 02)720-1024(마케팅) 02)720-1042(강연섭외)
팩스 | 02)720-1043   전자우편 | books@influential.co.kr
홈페이지 | www.influential.co.kr

ⓒ 조우성, 2019

ISBN 979-11-89995-31-7 (03320)